Was hätte Virginia Woolf dazu gesagt?

»Feminists speak out«

Marta press

Meike Gleim

Was hätte Virginia Woolf dazu gesagt?

Warum Feminismus heute noch aktuell ist

Marta press

Die Deutsche Bibliothek verzeichnet diese Publikation
in der Deutschen Nationalbibliografie.
Detaillierte bibliografische Daten sind im Internet abrufbar unter
http://dnb.d-nb.de

Besuchen Sie uns auch im Internet:
www.marta-press.de

1. Auflage November 2018

Printed in Germany.
ISBN 978-3-944442-85-3

Danke an Dagmar Schmidt-Gleim, Johanna West, Karen Jungblut, Antonia Rahofer, Eva Schörkhuber, Antonia Ulrich, Hannah Bruckmüller und Jana Reich für ihr Lektorat und ihr Glauben an das Buch.

Danke an Shezray Hameed für die Illustration des Buchcovers.

Danke an Johanna West, Veronika Wolf, Audrey de Montgolfier, Sigrid Kolb, Claudia Wiesner, Emilie Berthelot, Christine Cecil und Anna Artaker für die beruflichen Erfahrungsberichte, die diesen Text inspiriert haben.

Inhalt

1. Einleitung

Virginia Woolf hat vor 89 Jahren *Ein Zimmer für sich allein* geschrieben. Der Text hat – unvergesslich und nachhaltig – den feministischen Diskurs geprägt, ist aber inzwischen doch ein wenig verstaubt, im wahrsten Sinne des Wortes. Denn als das kleine bescheidene Reclam Bändchen durch Zufall in meine Hände gelangt, muss ich erst einmal den Staub von dem Buch wischen. Dann aber, nach einigen Seiten, stelle ich überraschenderweise fest, dass mich der Text – ein Vortrag war es seinerzeit gewesen, um genau zu sein – trotz seiner Antiquiertheit fesselte, ganz so, als ob mich Virginia Woolf persönlich sanft anstupst und mich dadurch dazu bewegt, weiterzulesen. Und fast so sollte es sich dann auch ereignen. Irgendwann steht sie tatsächlich leibhaftig – mitsamt ihrer zierlichen Gestalt und ihrem sanften verschmitzten Lächeln – in meinem Zimmer. Aber dazu komme ich später.

Vorerst bin ich allein, allein mit dem Buch. Und nach vielen weiteren Seiten Lektüre und verflossenen Stunden, erscheint es mir so, als ob das Buch sprechen könne, als ob es lebendig sei und als ob keine 89 Jahre vergangen seien, seit es Frau Woolf verfasste.

Das Buch in den Händen haltend frage ich mich, was ist es, was das Buch so lebendig macht? Die Thematik? Frauen und Literatur oder die materiellen Bedingungen von Schriftstellerinnen? Nein, die Thematik von Woolfs Text ist zu spezifisch. Und ihre Behandlung ist von den Erfahrungen einer vergangenen Zeit geprägt, die für mich und eine zeitgenössische Leser*innenschaft so ohne weiteres nicht relevant wären. Ihre Forderungen? 500 Pfund und ein Zimmer für sich allein? Nein, auch das kann es nicht sein. Woolfs Forderungen sind schon zum Zeitpunkt des Erscheinens des Büchleins strategisch zu verstehen gewesen und sollten an gegenwärtige Verhältnisse angepasst werden. Im Internet lese ich, das 500 Pfund im Jahr derzeit etwa 79000 Pfund entsprächen. Tja, das haben die meisten Frauen allerdings auch heute nicht.

Ich blättere in dem Buch, lese hier und da eine Passage zum ich-weiß-nicht-wievielten Mal, und dann weiß ich, was es ist, das mich, die ich es gewohnt bin, feministische Texte entweder in abstrakten Abhandlungen, als politische Pamphlete oder als biografische Erfahrungsberichte verpackt zu lesen, so berührt, dass ich das Buch wieder und wieder lese. Es ist die subtile Art und Weise, in der Woolf die materielle Dimension ihrer Erfahrungen als Frau in ihre Untersuchung einfügt, sie greifbar, spürbar und sichtbar macht. Woolf beschreibt in ihrem Buch, was sie isst (Backpflaumen mit Vanillesoße), wie die Person aussieht, die sie am Eingang der Bibliothek abwimmelt (silberhaarig), und was sie sieht, wenn sie aus dem Fenster blickt (ein Paar, das in ein Taxi steigt) und wird dabei dennoch niemals banal, ausschweifend allgemein oder persönlich, denn all ihre Beobachtungen und Erfahrungen haben einen Wirklichkeitswert, einen materiellen Stellenwert im gesellschaftlichen Leben und in zwischenmenschlichen Verhältnissen. Keine Bemerkung scheint überflüssig, keine Beschreibung Firlefanz und doch rankt der Flieder über die Mauer und der Professor fängt an zu galoppieren, wenn man pfeift. So wie das Leben eben von derlei Zerstreuungen geprägt ist. Es entsteht daher der Eindruck, ihr beim Denken regelrecht zuschauen zu können und den Boden, auf den sie tritt oder trat, unter den eigenen Füßen zu spüren.

Und dann geht es doch auch um das Thema, bei der Frage, warum mich dieses alte staubige – so ganz ließ sich der Staub gar nicht mehr abwischen – Buch fesselt? Woolf schafft es in den Seiten ihres Buches eine Subjektposition jenseits normativer Frauenbilder anzuvisieren, eine Position, die Potential und Vermögen ist. Das heißt, in Woolfs Terrain der dichtenden Frau, dass eine Frau schreiben können sollte, ohne an ihre Erfahrungsgrenzen und die Widerstände ihrer Alltagswelt zu stoßen. Und das heißt in einem erweiterten Sinne, dass Frauen in erster Linie zu ‚Menschen' werden und sich selbst entwerfen können, ohne dabei an materielle und immaterielle Grenzen wie traditionelle Rollenbilder zu stoßen. Und die

Frage, wie wir dies ermöglichen können, so scheint mir, steht auch im gegenwärtigen Kontext offen.

Das heißt nach vielen Jahrzehnten der Frauenbewegung, die tatsächlich viel in Sachen Gleichberechtigung bewirkt hat, einer Vielzahl von Ausnahmefrauen, die es sehr erfolgreich in gesellschaftliche Machtpositionen geschafft haben sowie einer akademischen Kritik, die bezweifelt, dass eine politische Bewegung durch ein Subjekt präsentiert werden könne, das in der politischen Ordnung, die es bekämpfen solle, selbst hervorgebracht worden war und die damit jeglicher Repräsentationspolitik, d.h. einer Politik, die davon ausgeht, dass sich Frauen für Frauen einsetzen können, kritisch gegenüber steht und damit dem Feminismus sozusagen die Akteurinnen raubt.[1] Oh je, der Satz könnte noch länger werden, aber ich mache hier mal einen Punkt.

Also, trotz all dieser möglichen Einwände, erscheint es mir wichtig, heute noch einmal zu Virginia Woolfs Buch zurückzukehren und mit dem Buch in der Hand zu fragen: Was müssen wir heute fordern, damit Frauen endlich das verwirklichen können, was Virginia Woolf in *Ein Zimmer für sich allein* interessierte – ihre freie Entfaltung, statt die Wiederholung vorgefertigter Bilder, ob als Dichterinnen oder Werbemanagerinnen, als Mütter oder Pilotinnen, das heißt herauszufinden, wie sie in erster Linie Personen, Agentinnen oder Subjekte sein können?

Dennoch lege ich das Buch jetzt einen Augenblick aus der Hand. Ich will die heutige Wirklichkeit betrachten und nicht nur Literatur von gestern. Ich frage also, was Sie, verehrte LeserInnen, davon halten, eine feministische Bestandsaufnahme der Gegenwart zu verfassen?

Aber nein, ich frage nicht wirklich. Ich bin allein, allein mit einem Buch, das vor 89 Jahren als Vortrag verfasst wurde und frage mich, wie es um den Feminismus steht. Und ich denke daran, dass

---

[1] Judith Butler etwa hatte uns weggeführt von einer Identitätspolitik, von einem Wir Frauen, hin zu performativer Politik: „Es gibt keinen Täter hinter der Tat, sondern der Täter wird in unbeständiger, veränderlicher Form erst in und durch die Tat hervorgebracht.“ *Gender Trouble*, Suhrkamp 1991.

dieser jahrzehntelang ins Hintertreffen geraten war. Man war mit großen Krisen beschäftigt: Finanzkrisen, Eurokrisen, „Flüchtlingskrisen", Brexit, der Popularisierung rechtsextremer Bewegungen und so fort.

Einst, ungeschult, romantisch und naiv und was man einem behüteten Mädchen sonst noch so an den Kopf wirft, hatte ich geschrieben: Männer haben Krisen, Frauen haben Phasen, Krisen können bekämpft, Phasen müssen durchlitten werden. Diese Epoche schien nun endgültig vorüber. Denn in den Krisen der letzten Jahrzehnte kämpften Frauen Seite an Seite, an vorderster Front mit den Männern und dirigierten uns durch sie hindurch.

Frauen hatten es also geschafft, in die Krisen dieser Welt miteinbezogen zu werden, und zwar nicht nur als Leidensgenossinnen. Eine Forderung, wie Virginia Woolf sie ihrerzeit stellte, schien unangebracht und überflüssig, ja obsolet geworden zu sein. Frauen können ein Zimmer für sich allein, ja ganze Bürotürme unter sich haben, und das Gleiche gilt für das Geld. Die Chefin des *Internationalen Währungsfonds* ist weiblich, die Chefin der *Amerikanischen Federal Bank* war es. Frauen in Machtpositionen sind keine Ausnahmeerscheinungen mehr.

Aber gut, so wie plötzlich dieses staubige Buch aus dem Regal und in meine Hände gelangte, so erging es auch dem Feminismus. Jahrelang, ja jahrzehntelang, war niemand mehr daran interessiert, der Feminismus galt als antiquiert, und jetzt ist er plötzlich wieder aus der Versenkung verschwunden. Weinstein, *#MeToo* und eine Welle der Empörung brachten den Feminismus wieder in die Schlagzeilen.

Plötzlich müssen wir uns fragen: Hatten wir da etwas übersehen? Und wie viel übersehen wir weiterhin? Denn das strukturelle Moment der sexuellen Belästigung wird wohl wieder auf individuelle Bösewichte abgewälzt. Leider.

Spiegelbildlich dazu werden daher auch Erfolg und Misserfolg weiterhin individualisiert. Wenn Frauen weder Macht noch Geld haben, weder Gesetze mitgestalten noch Kapital ihr Eigen nennen können, weder Staatssekretärin noch Konzernchefin sind, dann ist das auch nach dem gehäuften ‚Outen' sexueller Belästigungen nur eine Frage mangelnder persönlicher Leistung.

Oder, wenn sie, die einzelne Frau, allen nur erdenklichen Einsatz erbringt und dennoch nicht erfolgreich ist, dann ist das so, weil sie nicht gut genug sei, also eine Frage mangelnder Begabung.

Und, wenn es ihr nicht an Begabung fehlt, dann ist es eine Frage charakterlicher Schwäche, dass sie nicht forsch genug, dass sie zu schüchtern sei, dass sie sich zu sehr zurücknehme, dass sie sich nicht durchsetze, dass sie ihre Ellbogen nicht einsetze, also eine Frage mangelnder Durchsetzungskraft.

Hm, oder es liegt daran, dass sie nicht genau wisse, was sie wolle, dass sie nicht zielstrebig sei, dass sie nicht nach vorne schreite, also eine Frage mangelnder Entscheidungsfähigkeit.

Auch die neue Medienpräsenz des Feminismus durch die *#MeToo* Kampagne hat nichts daran geändert, dass Feminismus allgemein als unattraktiv gilt. Die sofortige Reaktion, dass man jetzt anscheinend nicht einmal mehr flirten könne, spricht Bände.

Die Feministin ist immer noch eine marginale Figur, eine Projektionsfläche, die nicht nur von Männern, sondern auch von Frauen schräg beäugt wird. Seit Jahren organisieren sich Frauen – manche darunter unter dem Label Anti-Feministinnen – gegen das Feindbild. Erbost melden sie sich in Social Media Communities, auf *Facebook*, Homepages oder *Twitter* zu Wort. Sie tragen Banner vor sich her, auf denen steht: Ich bin keine Feministin, weil ich meine Ziele durch Leistung erreichen werde und nicht durch eine Quote. Ich bin keine Feministin, weil jede Frau selbst entscheiden kann, ob sie Hausfrau wird. Ich bin keine Feministin, weil starke Frauen sich nicht hinter ihrem Geschlecht verstecken müssen. Ich bin keine Feministin, weil die Gleichberechtigung der Frau abgeschlossen ist. Jetzt liegt es an den Frauen selbst, ihre Chance in die Hand zu nehmen.

Wie kann ich, angesichts dieser – sozusagen mit geschwellter Brust vorgetragenen – Überzeugung von der Redundanz feministischer Debatten, ja der Überzeugung davon, dass der Feminismus

Frauen im Wege stehe, Einwände vorbringen und mich wieder für den Feminismus stark machen, nicht nur gegen sexuelle Belästigung?

Feminismus ist und bleibt auch nach *#MeToo* in den Augen vieler Frauen nicht nur redundant, sondern er scheint geradezu eine Bedrohung für ihre Selbstentfaltung und ihr Leben darzustellen. In Italien und Frankreich hatten sich regelrecht Massendemonstrationen eingefunden, die gegen neue Lehrinhalte, die Gender- und Geschlechterrollenstereotype in Frage stellen sollen, protestieren. Ich sehe schon leibhaftig vor mir, wie sie über mich, die so isoliert zurückgeblieben ist, hinweg marschieren, ohne es zu bemerken. Junge, mittelalte und alte Frauen und die Kirche immer mit dabei. Ziemlich ausgebeult, würde ich mich wieder aufraffen.

Wie nach einem Rettungsanker greife ich wieder nach dem kleinen Büchlein, das ich aus der Hand gelegt hatte. Virginia Woolf, was meinen Sie dazu, wie es um den Feminismus heute steht? Das Buch wirft mir die Frage zurück. Es berichtet von den Erfahrungen Virginia Woolfs, ist das nicht eine Aufforderung, meine eigenen Erfahrungen ernst zu nehmen? Zugegeben, es sind persönliche Erfahrungen, aber diese haben eine nicht ganz so persönliche Wurzel, wie jene von Virginia Woolf.

Und so erinnere ich mich denn: Als ich mit dreizehn verkündete, ich will Entwicklungshelferin werden, erklärte mir mein Onkel, du wirst eh' mit neunzehn heiraten. Als ich mit siebzehn abends mit einer Freundin durch die Straßen wandelte, hat ein vorbeischlendernder junger Mann mir zwischen die Beine gefasst. Ich war es, die sich anschließend schämte, nicht der Grabscher. Als ich mich mit Mitte dreißig beschwert habe, dass mir meine Kinder keine Zeit für mich lassen, hat man mir gesagt, du hast doch Kinder gewollt. Als ich mit vierzig vor einer Abtreibung stand, sollte ich nicht darüber sprechen. Als ich mit Mitte vierzig feststellte, dass meine Karriere sehr unter der Kindererziehung gelitten hatte, war die Reaktion, du glaubst doch nicht im Ernst, dass du ohne Kinder mehr Karriere gemacht hättest.

Irgendetwas im ach so egalitären Setting ist wohl doch noch nicht ganz so wie es sich in der Medienlandschaft, im öffentlichen Bild und in der Wahrnehmung vieler Frauen ausnimmt. Das Ausmaß sexueller Belästigung am Arbeitsplatz weist mehr als dezent darauf hin. Denn sexuelle Belästigung kann nur funktionieren, wo Hierarchien sexistisch sind, nur dort wo sich die Opfer in einem mehr oder minder starken Abhängigkeitsverhältnis zum Täter befinden.

Nein, den Feminismus lass ich mir nicht nehmen. Scheu und mit leiser Stimme wage ich also so ganz unzeitgemäß das Knäul aus Erfahrungen, Beobachtungen und Empfindungen zu entwirren. Ich frage, leise oder laut: Gibt es nicht doch noch strukturelle gesellschaftliche ja sogar ideologische Gründe, die dazu führen, dass Frauen nicht so erfolgreich sind, wie sie es gerne wären? Ist es also trotz der zahlreichen Frauen, die Zimmer und Geld haben, noch relevant, den Faden Virginia Woolfs wieder aufzunehmen? Macht es auch heute noch Sinn, Feministin zu sein?

Ihr Buch halte ich dabei fest umklammert in den Händen.

Ich will die Gedanken Virginia Woolfs wiederaufnehmen und mithilfe des kleinen Büchleins selbst eine Untersuchung unternehmen. Ich will allerdings nicht nur über Frauen und Literatur schreiben, denn ich denke, dass das, was Virginia Woolf meinte, viel mehr Frauen betrifft als Literatinnen. Es tangiert ein weites Feld beruflicher und persönlicher Entfaltung oder Selbstverwirklichung. Virginia Woolf wollte, dass Frauen in ihrer Entfaltung nicht mehr gegen materielle und immaterielle Hindernisse stoßen. Und das geht mich auch 89 Jahre nach Erscheinen ihres Büchleins etwas an. Sie ist und bleibt eine Komplizin im Kampf für eine Gesellschaft ohne vorgefertigte Geschlechterrollen. Zu gerne hätte ich sie kennengelernt, denke ich ein wenig resigniert, denn wie hätte ich zu diesem Zeitpunkt ahnen können, welche Überraschung auf mich wartet!

Wieder lege ich das Buch aus der Hand und denke über meine Begriffswahl nach: Entfaltung, Selbstverwirklichung, zugegeben, beides Begriffe, die – so ich meinen Überzeugungen treu bleibe – nicht in die Tasten meines Computers gelangen sollten –, denn sie sind Teil des kapitalistischen Jargons geworden. Selbstverwirklichung steht für Konsum. Mittels Werbetrommel wird uns ständig weisgemacht, uns selbst zu verwirklichen, wenn wir uns eine neue Handtasche gönnen. Und das gilt insbesondere für Frauen, die zum Idealtypus des zeitgenössischen Konsums stilisiert werden. Ich erinnere mich an einen Werbespot, der eine Gruppe attraktiver Frauen kreischend vor einem Schuhregal zeigt.

Der Begriff ist mit Geschlechtszuschreibungen beladen, nein, überladen. Selbstverwirklichung ist nämlich etwas, was man westlichen Frauen der Mittelklasse seit langem zubilligt, in Töpferkursen und Halbtagsjobs. Bei Männern ist das, was ich hier so linkisch als Selbstverwirklichung bezeichnet habe, berufliche Verantwortung.

Ich werde mir daher alle Mühe geben, diesen Begriffen eine andere Wendung zu geben. Werde dem ökonomischen Regime jedoch nicht entkommen, denn, wie ich bei Virginia Woolf nachlese, ist es neben dem Zimmer für sich allein auch dem Geld zu verdanken, wenn Frauen über Bewegungs- und Gestaltungsraum verfügen, und das verdient sich in dieser Epoche nun mal in kapitalistischen Produktionsverhältnissen. Oder sollte ich von der Selbstverwirklichung absehen und von Verantwortung, Erfolg oder Freiheit sprechen? Ich kann darauf bedauerlicherweise keine Antwort finden, und entscheide mich daher dafür, Entfaltung als Platzhalter eines bislang fehlenden Begriffs, den ich, bis eine andere Autorin einen besseren findet, auf den ich dann dankbar zurückgreifen werde, verwende. Das Thema ist also – so unbefriedigend es sein mag – vorerst „Frauen und ihre berufliche und persönliche Entfaltung zu Beginn des 21. Jahrhunderts".

Und schon greife ich wieder nach dem Buch, lese die ersten Seiten und finde dabei heraus, dass auch diese Kombination von

Begriffen vielerlei meinen kann. Es kann meinen, darüber zu sprechen, wie und wer Frauen sind, was berufliche und persönliche Entfaltung sind und wie diese miteinander zusammenhängen. Ganz so wie Virginia Woolfs Thema Frauen und Literatur mehrschichtig ist, entfaltet sich auch hier eine Vielschichtigkeit, die ich kaum fassen kann und die ich, wie ich mit Enttäuschung feststellen muss, nicht in ihrer Komplexität erfassen können werde. Ich werde weder das Problem der Geschlechterrollen, noch das der freien beruflichen Entfaltung von Frauen befriedigend beantworten.

Stattdessen werde ich – so wie sich schon Woolf damit begnügte, eine Meinung zu einem nebensächlichen Punkt (zur Forderung, eine Frau braucht Geld und einen Raum für sich allein) anzubieten – hier nur Meinungen zu den (Produktions-)Bedingungen der beruflichen und persönlichen Entfaltung von Frauen sammeln und erörtern. Es wird sich zeigen, inwieweit bei diesen Produktionsbedingungen auch die Frau selbst und wie sie ist, hervorgebracht wird.

Wie sollte ich nun der Sache nachgehen? Ich habe meinen Text leichtfüßig und ohne klaren argumentativen Rahmen begonnen. Ziemt es sich denn überhaupt, meine Frage so unwissenschaftlich anzugehen, so ganz ohne auf Statistiken und Zahlen zurückzugreifen, diese Frage rein essayistisch zu behandeln? Meine Meinung auszuplaudern, kann uns da doch keineswegs der Wahrheit ein Stück näher bringen. Dennoch hegt sich in mir ein Widerspruch gegen diese These.

Wir haben schließlich längst Statistiken, wir haben Zahlen, die beweisen, dass Armut weiblich ist (70% aller Menschen, die unter der Armutsgrenze leben, sind Frauen und Kinder) und das betrifft nicht nur Frauen in der südlichen Hemisphäre der Erdkugel. Und obwohl Frauen die Hälfte der Studierenden stellen, muss man sie in den Chefetagen suchen (der Anteil von Frauen in den Vorständen der DAX-Unternehmen lag 2015 bei 8,3%), Frauen verdienen für die gleiche Arbeit in Deutschland ca. 23% weniger (in Teilzeitjobs 17% weniger) und bis vor kurzem musste sich der/die FotografIn lange überlegen, wo er oder sie Frau Merkel auf dem Gruppenfoto des Gipfeltreffens der G7 Staatschefs platzierte, denn sie war bekanntermaßen lange Zeit die einzige Frau in dieser Riege. Von einem überbordenden weiblichen Ansturm auf diese Positionen kann man seit Einzug von Theresa May in die Ränge der Sieben nicht sprechen. Die USA werden die nächsten Jahre von einem offen frauenfeindlichen Mann regiert werden. Die Zeichen stehen für ein Zurück in die Vergangenheit des Patriarchats.

Wir wissen all dies und dennoch ist uns nicht immer bewusst, warum sich Ungleichverhältnisse oft hartnäckig halten, obwohl vor dem Gesetz alle gleich sind und Frauen alle öffentlichen Einrichtungen offen stehen – Schulen, Universitäten sowie Bibliotheken. Virginia Woolfs Erlebnis, vor der Bibliothek des Colleges abgewiesen zu werden, klingt heute zumindest im sogenannten Westen dieser Welt wie eine bizarre Episode aus einer vormodernen Welt. Und was die Rasenflächen betrifft, die sie als Frau unbefugt betreten hatte, scheint sich die Problematik auch ausnahmslos erübrigt zu haben. Mir fallen dazu bloß die Pariser Schilder ‚pelouse en repos' (Rasen im Ruhestand) ein. Sie gelten ausnahmelos allen – Frauen, Männern, Hunden.

Runter von der Rasenfläche. Ich begebe mich auf Abwege, und muss schnell wieder zurück auf den Weg, zurück zu Virginia Woolfs Buch, um meinen Argumentationsstrang fortzusetzen. Also, ich denke, da wir es auch mit Zahlen und Statistiken nicht zu befriedigenden Antworten bringen, will ich es mit der Devise von Virginia Woolf halten und die Wahrheit in literarischer Form suchen.

Es versteht sich, dass ich – so wie seinerzeit Virginia Woolf – dies in der Hoffnung tue, dass etwas Wahrheit aus meinen Ausschweifungen träufelt oder tröpfelt, dass sich etwas Wahrheit zwischen den Zeilen und in unseren Gemütern einnistet, denn was Zahlen fehlt, ist ein Konglomerat aus Geistes- und Gemütsverfassung, das einen zu etwas verleitet oder eben nicht. Wir sind schließlich keine rationalen Maschinen, sondern Wesen, in denen Herz, Geist und Körper eine Einheit bilden, und das betrifft genauso Männer wie Frauen. Auch wenn Männer Frauen über Jahrhunderte hinweg, weiszumachen pflegten, dass sie selbst rational und Frauen emotional und sie den Letzteren von daher überlegen seien. Krisen müssen schließlich rational bewältigt werden. Phasen können emotional durchlitten werden.

Diese ideologisch motivierte Vormachtstellung der Ratio hält sich hartnäckig und findet sich zum Beispiel in dem Gebot wieder, die Wahrheit sei eher in Statistiken als in Versen zu suchen. Vor dem Hintergrund des alles regulierenden Marktes sind Zahlen zum Funktionsmodell unserer Gesellschaft *per se* geworden. Verse sind vergessen.

Frauen stehen dabei immer noch in einem mehr oder weniger peripheren Verhältnis zu Zahlen. Und das schlägt sich etwa auf dem Terrain der literarischen und intellektuellen Produktion von Frauen, um Virginia Woolfs Fokus noch einmal näher zu rücken, so nieder, dass sich Frauen immer noch eher an schöngeistige und seichte Inhalte wagen als an (natur-)wissenschaftliche. Sie schreiben jede Menge Romane – und selbst da werden sie schnell ins Chick Lit Eck gedrängt,[2] sind aber höchst selten namhafte Philosophinnen, Physikerinnen oder gar Hirnforscherinnen. Am besten sie ziehen sich gleich auf das Gebiet der Gender Studies zurück. Dort sind Männer eine Seltenheit – immer noch. Warum eigentlich? Sind Männer mit ihren Rollenzuschreibungen stets rundum zufrieden. Will der Mann so ganz Mann sein, seinen Mann stehen? Oder wollen sie die Nische der Gender Studies großzügig Frauen überlassen?

Wie also vorgehen, wie diese Untersuchung angehen? Virginia Woolfs Buch erweist sich auch in dieser Frage als guter Ratgeber,

---

[2] Die amerikanische Autorin Meg Wolitzer resümierte 2012 in einem Essay für den *Sunday Book Review* der *New York Times* den Status des weiblichen Schreibens: die Bücher der Schriftstellerinnen würden im Buchhandel stets auf dem zweiten Regal für die nicht so wichtigen Neuerscheinungen platziert, die Verlage hätten sie schon mit Bucheinbänden dekoriert, die sie als „Chick Lit" kennzeichnen würden. Meg Wolitzer: *The Second Shelf. On the Rules of Literary Fiction for Man and Women*, in: *New York Times*, 30. März 2012.

denn sie hatte, wohl weil das Thema als Topos in die Funktionsweise gesellschaftlicher Räume eingeschrieben ist, in der Rolle von Mary Seton oder Beton physische Orte auf der Suche nach Antworten aufgesucht. Und das will ich auch tun.

Ich nenne mich jetzt mal Grete Wolf – ein genauso zufälliges Pseudonym wie Mary Seton, Mary Beton oder Mary Carmichael – die Pseudonyme, die Virginia Woolf wählte. Keine Angst vor Gretchen, ich trete niemandem persönlich nahe und frage nicht – wie Gretchen einst –, wie halten sie es mit dem Feminismus; keine Angst vor dem Wolf, ein Familienname, der sich von Wolfgang ableitet. Ein Pseudonym also, das mir hilft, meine Frage „Was müssen wir heute fordern, damit Frauen endlich das verwirklichen können, was Virginia Woolf in *Ein Zimmer für sich allein* interessierte, ihre freie Entfaltung, statt die Wiederholung vorgefertigter Bilder?“ in literarischer Form zu erörtern.

Das heißt, in einer Form, die einerseits ausdrücklich nicht wissenschaftlich, aber andererseits auch nicht biografisch ist. „Ich – zitiere ich das Buch – ist (nur) eine bequeme Bezeichnung für jemanden, den es in Wirklichkeit nicht gibt.“[3] Aber ‚den' oder ‚die' es vielleicht in vielen von uns ein Stück weit gibt. Anders als Virginia Woolf, behaupte ich jedoch, Lügen kommen mir keine über die Lippen,[4] Vorurteile, Verzerrungen, einseitige Betrachtungen und subjektive Beurteilungen, das räume ich ein, aber diese sind authentisch, das heißt Erfahrungen und Konditionierungen von Frauen geschuldet.

Ich versuche, wie es Virginia Woolf so glänzend getan hat, so ausführlich und frei, wie es mir möglich ist, Sie dazu einzuladen, meine Gedankengänge mit zu verfolgen und mich auf der Suche nach einer Antwort zu begleiten. Wenn Sie mich auf diesem Wege begleiten, kann ich zumindest aufzeigen, wie ich zu meiner Meinung am Ende dieser Suche komme. Ich überlasse es Ihnen, diese zu beurteilen. „Man kann seiner Zuhörerschaft nur die Möglichkeit

---

[3] Virginia Woolf (VW), *Ein Zimmer für sich allein*, 2012, S. 7.
[4] VW, S. 7.

geben, ihre eigenen Schlussfolgerungen zu ziehen, wenn sie die Grenzen, die Vorurteile und Eigenarten der Vortragenden bemerken."[5] hatte Virginia Woolf geschrieben, und sehr deutlich gemacht, dass sie keine Backpflaumen mochte.

Ach, zu gerne würde ich Frau Woolf um ein paar weitere Ratschläge, wie ich meine Untersuchung angehen soll, bitten, aber sie ist nicht da – wie sollte sie auch? Sie ist ja schließlich tot. Das werde ich auch denken, als sie eines Tages plötzlich leibhaftig vor mir steht. Aber dazu komme ich, wie gesagt, später. Vorerst bin ich allein, allein mit ihrem Buch. Doch das kleine Reclam Bändchen wird bei dieser Suche mein ständiger Begleiter und wegweisender Berater. Gut, dass es in fast jede Tasche passte.

Eine Frau braucht Geld und ein Zimmer für sich allein – hatte Virginia Woolf also gefordert. Ich wiederhole es noch einmal laut, weil es so gut klingt. Aber, wie ich schon behauptete, waren das wohl strategische Forderungen gewesen, um dahinter zu verbergen, dass es ihr nicht um materiellen Luxus ging, sondern darum, zu zeigen, wie sehr die spirituelle Freiheit der schreibenden Frauen an materielle Gegebenheiten geknüpft ist. Es ging ihr also darum, Bedingungen zu schaffen, in denen Frauen das schreiben können, was sie wollen.

Und auch das ist für mich ein triftiger Grund Virginia Woolf, oder besser gesagt, ihrem Buch nach so vielen Jahren Gehör zu schenken. Es ist natürlich auch heute noch wichtig, Geld und ein Zimmer für sie allein zu fordern, und es gibt immer noch unzählige Frauen, denen beides fehlt, aber es steht anscheinend noch etwas anderes zur Debatte in der Frage, warum Frauen häufig beruflich und persönlich nicht das erlangen, was sie sich vorstellen. Etwas, das sich nicht in Gesetzestexte packen lässt, etwas, dass sich zwischen Zeilen, Räumen und zwischen Menschen in materialisierten Vorstellungen davon abspielt, was eine Frau ist, und Praxen, wie

[5] VW, S. 6.

Frauen sich zu benehmen haben. Denn diese behindern auch Frauen, die sowohl Geld als auch ein Zimmer für sich alleine haben.

Meine Hypothese ist, dass Frauen in der westlichen Welt offiziell frei, doch hinter den Kulissen immer noch in Korsetts gefangen sind. Sie werden zwar nicht mehr vor etwaige Alternativen wie Heimchen am Herd oder männerfressendes Vamp gestellt. Und sie müssen sich auch nicht mehr gegen Vorwürfe wie jene, eine Rabenmutter oder eine alte Jungfer zu sein, wehren. Stimmt`s?

Die Natur der Frau ist grundsätzlich in Frage gestellt. Aber die Rollen – die traditionellen sowie die neuen Rollen erfolgreicher und begehrenswerter Frauen (die unabhängige Karrierefrau, die liebende sorgende Mutter und Partnerin, die Sexbombe) – sollte sie bis zur Perfektion spielen können und sich nahtlos in diese Rollen einfügen, sodass die Differenz zwischen Authentizität und Maskerade unbemerkbar bleibt. Nach dem Motto, wir wissen alle, dass sie kein authentisches Heimchen am Herd und kein männerfressendes Vamp ist, aber kochen und verführen können sollte sie dennoch, damit sie als Frau geachtet wird.[6]

Unter dem Deckmantel des Rollenspiels setzen sich normative und repressive Subjektkonstitutionen der Frau fort und schränken die Wahl des Handelns und Begehrens von Frauen weiterhin ein. Die neuen Idole von Queerness – die ich in Ehren halten möchte – werden leider über den gedanklichen Umweg, dass alles nur ein Rollenspiel sei, in ausgetretene Pfade von traditionellen Geschlechterrollen gelenkt. Diese haben zwar die Aura des Authentischen verloren, aber Frauen werden belohnt, wenn sie weiterhin all das erfüllen, was eine Frau sein sollte.

---

[6] Bei Männern sind die Anforderungen auch stark gestiegen. Ein Mann muss ein guter Liebhaber, ein liebevoller Vater, der Zeit für seine Kinder hat, sein, Karriere machen, gut kochen und über Gefühle sprechen können. Nur Kuchen für das Schulfest muss er nicht backen, nicht pro Woche zehn Mails für Verabredungen und Geburtstage schreiben, keine Hausaufgaben kontrollieren oder kranke Kinder abholen und Läusebehandlungen durchführen. Und vor allem wird er nicht zwei bis drei Jahre pro Kind aus der Karrierespur geschmissen.

Wie und wo diese Subjektkonstitution alltäglich stattfindet, das werde ich zwischen und hinter den Zeilen, an profanen Orten suchen. Der ganz normale Alltag ist Schauplatz der Normalisierungsprozesse der Frau. Die kommerzielle Kultur nährt diese Prozesse und die hochgeschätzte Arbeit feministischen und queeren Gedankenguts findet sich verstümmelt und verkorkst in neuen Trends der Kulturproduktion wieder. Den Biss hat es dabei verloren.

Ich begebe mich zuerst zu den schnödesten und historisch-politisch als am unbedeutendsten eingestuften Orten: Schulhof und Park.

Bevor ich mich auf den Weg mache, packe ich sorgsam das Buch *Ein Zimmer für sich allein* in meine Tasche.

2. Alltagsbeobachtungen zur Arbeitsteilung. Reproduktive Arbeit im gesellschaftlichen Wandel?

Die Suche beginnt morgens um acht auf dem Schulhof. Das heißt dort, wo hunderte von Kindern auf einen Raum gepfercht so viel Lärm produzieren, dass es einer – wie man so sagt – schier den Verstand raubt. Die Kinder dabei aber alle wohlauf und bei Verstand sind.

Zugegeben, es ist mir ein wenig unangenehm an einem vermeintlich so banalen und obendrein so lauten Ort mit der Recherche zu beginnen, doch ein Trost ist mir, dass sogar Virginia Woolf in ihrer Abhandlung über das so ehrwürdige Thema Frauen und Literatur, mindestens zwölf Mal – ich habe nachgezählt – das Wort Kinder (Kinder, die zur Welt gebracht werden, Kinder, die gestillt werden, Kinder, die spielen) erwähnt hatte.

Wenn ich also meine Kinder morgens um acht in die Schule bringe, treffe ich dort auf jede Menge Frauen, die wie ich ihre Kinder zur Schule bringen. Ebenso treffe ich die Frauen, wenn ich die Kinder nachmittags um vier wieder abhole. Einige Frauen begrüßen mich freundlich, andere blicken arrogant zur Seite. Aber gut, das tut hier nicht zu Sache. Die Frage ist vielmehr, auf wieviele Männer treffe ich? Morgens um acht sind es noch etwa eine Handvoll pro Schulklasse – meist dieselben. Ich schaue mich um, suche mit den Augen das lärmende Gewimmel ab und entdecke den blonden jugendlich aussehenden, nachlässig gekleideten Komponisten, den extravaganten, aber scheuen irischen Modedesigner und den attraktiven Eisdielenmilliardär, hinter dessen Rücken man tuschelt, ob er nicht nur mit Eis reich geworden sei, sondern Geldwäsche betreibe und um den sich jetzt schmeichelnd ein Grüppchen Frauen scharrt, das meine Aufmerksamkeit sogleich auf sich zieht. Halt, mein Anliegen war doch ein rein quantitatives. Und das sind jetzt erst drei Männer. Ich reiße mich also von meinen indiskreten Blicken nach der kuriosen Clique um den Beau los und suche das Gedränge nach weiteren Männern ab. Schließlich werde ich dreier dezenter Herren in Anzug und Krawatte habhaft, flüchtig, denn schon sind sie wieder verschwunden, eilig, auf dem Weg zu ihrem Arbeitsplatz. Das ist natürlich nur eine Vermutung.

Nachmittags um vier sind Männer wie ausgestorben. Verirrt sich doch mal der ein oder andere dorthin – schließlich ist der Arbeitsalltag eines Komponisten nicht an feste Arbeitszeiten geknüpft – muss sich der Ärmste in diesem Schwarm aus Frauen und Kindern recht allein fühlen. Ist es möglich, dass Arbeitsteilung immer noch entlang von Geschlechtern funktioniert?

Wir – Frauen und Kinder – gehen, solange es das Wetter zulässt, in den Park. Heute haben wir Glück. Es ist ein sonniger Oktobernachmittag. Dort angelangt, entdecke ich – abgesehen von einigen wenigen älteren Herrschaften – wieder nur Frauen und Kinder. Allerdings sind die anwesenden Frauen nicht alle die Mütter der Kinder. Viele sind Kindermädchen. Warum sagt man eigentlich Mädchen? Das waren gestandene Frauen. Frauen, die in ihrem Leben buchstäblich schon so einiges durchgestanden hatten. Zumeist erkennt man sie an ihrer Physiognomie, welche sich apart von jener der betreuten Kinder unterschied. Asiatinnen und Afrikanerinnen unterstützen westliche Frauen der Mittelklasse dabei, ihren Ambitionen zu folgen und berufliche Erfolge zu erzielen. Die traditionelle Arbeitsteilung entlang von Geschlechterrollen wurde also in Teilen durch eine Arbeitsteilung entlang des Nord-Süd-Gefälles ersetzt.

Dafür lassen Frauen oft ihre leiblichen Kinder in der Heimat zurück, um sich um die Kinder anderer zu kümmern. Kathi B. erzählte mir, dass sie fünf Kinder hat – allerdings auf den Philippinen. Da ihr Mann nicht hatte arbeiten wollen, hatte sie ihn und die Kinder notgedrungen zurückgelassen, um in der Ferne – zehntausende Kilometer entfernt von ihrer Familie – Geld zu verdienen. Auf ihren Besuchen hat sie dann allerdings feststellen müssen, dass ihr Mann das Geld, dass sie ihm schickte, zum Fenster rauschmiss, ohne sich um die Ausbildung der Kinder zu kümmern. Daraufhin hat sie ihn kurzerhand selbst (zum Fenster?) rausgeschmissen, und die Kinder bei ihren Eltern einquartiert. An ihrer eigenen Situation hatte das allerdings nichts geändert, sie kümmerte sich weiterhin zehntausende Kilometer entfernt von ihren Kindern um andere Kinder und schickt alles Geld, das sie verdient, nach Hause.

Ihre Kollegin Anne D. erzählte mir, dass sie ihren Sohn endlich vor ein paar Monaten, nach vielen Jahren der Trennung, auch er war auf den Philippinen geblieben, zu sich holen konnte. Er war jetzt dreizehn Jahre alt. Als sie die Philippinen verlassen hatte, war er drei Jahre alt gewesen. Wie sie all die Jahre der Trennung, zehn waren es genau, überstanden hatte, wagte ich nicht zu fragen.

Wasa B. wiederum erzählte mir, dass sie selbst gerne Kinder hätte, aber es nicht klappen wollte, so kümmerte sie sich um die Kinder der anderen. Aber der Mangel anderer Jobmöglichkeiten, der dem Umstand geschuldet war, dass sie aus Madagaskar stammte, spielte wohl auch eine wesentliche Rolle bei der Entscheidung, die Betreuung der Kinder anderer zu ihrem Beruf zu machen. All diese Frauen konkurrierten um Kinderbetreuungsjobs und wehrten sich daher kaum gegen die diversen Diskriminierungen, etwa bei der Arbeitsplatzvergabe, denen sie aufgrund ihrer Herkunft, Hautfarbe und Geschlecht begegneten. ‚Intersektionalität' hatte Kimberlé Crenshaw die Schnittstelle mehrerer Ausgrenzungen genannt, und damit darauf hingewiesen, dass, wenn ‚nur' schwarze Frauen (und keine weißen) von etwas ausgeschlossen werden, dies nicht heißt, dass hier Sexismus keine Rolle spielt, sondern dieser sich mit Rassismus verbindet. Sie war darauf aufmerksam geworden, als ein Betrieb sämtliche schwarze Frauen aus seiner Belegschaft entließ und die betroffenen Frauen dennoch keinen *Anti-Discrimination Act* geltend machen konnten, weil der Betrieb weder weiße Frauen noch schwarze Männer entlassen hatte.[7] Kimberlé Crenshaw hat außerdem aufgezeigt, das die Kombination von Rassismus und Sexismus doppelt wirkt. Das heißt, dass Frauen, die

[7] Kimberlé Crenshaw, *Demarginalizing the Intersection of Race and Sex: A black feminist critique of Antidiscrimination Doctrine, Feminist Theory and Antiracist Politics*, in: *University of Chicago Legal Forum*, 1989, S. 139 ff.

Opfer von Rassismus werden, auch doppelt so häufig sexistischer Gewalt ausgesetzt sind wie andere Frauen.

In Gedanken tat sich ein breiter brausender Strom vor mir auf. Auf der anderen Seite dieses Stromes besuchten doppelt so viele Mädchen wie Jungen nie eine Schule, wurden sieben Millionen Mädchen noch im Kindesalter zwangsverheiratet und in vielen dieser Regionen jenseits des Stromes konnten sich Frauen nicht frei in der Öffentlichkeit bewegen, wenn sie nicht als Freiwild betrachtet werden wollten. Sanfte Wellen schwappten über das Ufer und machten meine Füße nass. Wie weit weg war das wirklich entfernt? Wie viel trennte das eine Flussufer vom anderen?

Die Frauen, die sich um die Kinder anderer kümmern und oft ihre Familie in der Ferne zurückgelassen hatten, blieben so wie die Mütter meist unter sich und die beiden Gruppen damit leider oft weiter weg voneinander entfernt als sie es reell waren. Im Park trennte sie nur eine Bank von einer anderen, aber es schien, als ob dazwischen ein breiter Fluss lag. Die Bänke waren die jeweiligen Flussufer – *riverbank* wie man im Englischen sagte.

Wir Frauen verteilen uns also auf die Parkbänke, mit Vorliebe auf jene, auf denen wir die letzten Sonnenstrahlen dieses herbstlichen Spätnachmittags einfangen können und setzen uns – jedenfalls solange wir keine Kinder unter drei haben, denen man auf Schritt und Tritt folgen muss. Nachdem wir es uns auf den Bänken bequem gemacht und das Gesicht den Sonnenstrahlen zugewandt haben – es sind die letzten des Tages –, unterhalten wir uns.

Jede von uns trägt viele Sorgen, Ambitionen und Träume mit sich herum – das vermute ich zumindest. Aber diese bleiben zumeist wohlbehütet in einem Hinterstübchen unseres Kopfes stecken. Denn sprechen tun wir fast ausschließlich über unsere Kinder. Warum eigentlich? Weil wir unserer Rolle als Mutter gerecht werden wollen, weil wir glauben unsere ‚anderen' beruflichen Aufgaben und Anliegen nicht mit anderen Müttern teilen zu können, weil wir Privates und Berufliches trennen, wie es sich gehört! Oder weil Mütter subtil immer noch mehr soziale Wertschätzung erhalten als

Frauen in anderen Rollen, so dass wir, um abwertende Blicke oder auch Missgunst zu vermeiden, unsere ‚außermütterlichen' Ambitionen lieber hinterm Berg halten?

Sprechen tun wir also über das Wohlergehen unserer Kinder, ihre Erfolge und unsere Sorgen, sie zu glücklichen und erfolgreichen Erwachsenen zu erziehen. Wir wachen über ihr Spiel, ihre Hausaufgaben, Noten, die Wahl der richtigen Schule, der passenden Freunde. Das betrifft Jungs wie Mädchen – die Unterschiede nisten sich nur in den Details ein, zu Mädchen sagen viele Mütter immer noch eher: „Sei vorsichtig!" wenn sie auf das Klettergerüst steigen.

Viele Frauen schauen außerdem als erstes in den Schulranzen. Offensichtlich hat er, der Ranzen, magnetische Kräfte. Der schulische Erfolg unseres Nachwuchses scheint ein Gradmesser unserer Tauglichkeit als Mutter zu sein. Das gilt auch für jene Mütter, die erst abends aus dem Büro kommen. Wer unter der Woche keine Zeit hat, setzt sich am Wochenende mit den Kindern hin, um die Hausaufgaben zu betreuen. Wir werden alle ein zweites Mal in Grammatik und Mathematik fit gemacht.

Wir sitzen also da, frösteln, denn die Sonne verzieht sich langsam, und plaudern:

– Diese Lehrerin von Anton sagt nie genau, was man nun eigentlich vorbereiten muss, und wir wissen auch nie, wann es denn nun wieder mal eine Schularbeit gibt, beginnt eine von uns und das Gespräch ist in Gang gesetzt.

– Findet ihr nicht auch, dass das Niveau sehr abgenommen hat, im Vergleich mit dem letzten Jahr? Da hatte man wirklich das Gefühl, die Kinder lernen etwas…

– Du hast recht, mein Sohn ist ja sehr gut in der Schule, aber die Fragestellungen dieser Lehrerin sind oft so unnachvollziehbar und, wie ich glaube, völlig irrelevant.

– Ach, sprecht mich nicht auf diese Lehrerin an, sie hat meiner Tochter das Leben so schwer gemacht, dass wir beinahe von der Schule gegangen wären.

So plätschert das Parkbank Gespräch dahin. Meistens plaudere ich mit und lasse mich auf diesen unterschwelligen Wettkampf mütterlichen Stolzes und mütterlicher Sorge ein. Doch heute schweifen meine Gedanken ab, ... zu den Vätern, die nicht anwesend waren und die nur selten wissen, was sich in der Schule und im Ranzen abspielt. Rufe ich den Vater meiner Kinder an, um mich zu erkundigen, ob diese denn ihre Hausaufgaben gemacht haben, sagt er und das ohne jegliche Gewissensbisse: „Ich weiß es nicht, frag Alice." und wälzt damit die Verantwortung auf die jeweilige Babysitterin ab.

Warum eigentlich? Warum fühlen sich Väter häufig nicht zuständig? frage ich mich im Stillen, – nicht laut, um meine Parkbanknachbarinnen nicht aufzuscheuchen. Ich erinnere mich, – auch das im Stillen – dass mir ein Bekannter sagte, die Hausaufgaben der Kinder betreuen, das könne seine Frau viel besser als er. Er könne sich doch gar nicht mehr an die Grammatik- und Arithmetikregeln entsinnen. Er grinste breit dabei. Und auch ich warf ihm ein verständnisvolles Lächeln zu, denn ich wollte mir den Abend, es war auf einer Dinner Party gewesen, nicht verderben, dachte aber – mit Verlaub – dass seine Aussage schwer verdaubar war und das trotz der vorzüglichen Seezunge, die aufgetischt wurde, und mich an eine andere noch unverdaulichere gemahnte (Was es damals zu essen gab, daran kann ich mich allerdings nicht mehr erinnern). Diese andere hatte der Vater eines Freundes, der immerhin eine Generation davor geboren war, – wie ich glaube – vollkommen ohne Ironie geäußert: Nur seine Frau könne die Waschmaschine bedienen, hatte er gesagt, ihm sei das viel zu kompliziert. Wäsche waschen, Windeln wechseln, Kinder anziehen und Hausaufgaben machen, diese Aufgaben waren Frauen wohl immer noch in die Wiege gelegt. Der einzige Unterschied: Heute grinste man breit bei der Arbeitsverteilung.

Aus dem Augenwinkel sah ich da, wie meine Tochter ihre Puppe mit einem dicken schwarzen Filzmarker bemalte. Entschuldigen Sie die Häme. Das Knäul aus Erfahrung, Beobachtung und Empfindung kam mal wieder auf mich zugerollt. Und ich kann es nicht lassen, darauf zuzuspringen. Wenn ich Männern erzähle, dass neun Monate Schwangerschaft keine Ausbildung in Sachen Mutterschaft sind, sind sie gelinde gesagt erstaunt. Dass ich genauso hilflos und überfordert mit dem Bündel im Arm dastand und es keinerlei In-stinkt gibt, der mir sagt, wie ich einen endlos schreienden Säugling beruhigen kann, wollen sie mir nicht glauben.

Daran tragen Frauen aber leider Mitschuld, weil sie dieses Bild der allwissenden Mutter gerne bestätigen. Natürlich wissen Mütter nach vier Tagen oder sechsundneunzig Stunden, die sie mit dem Säugling verbracht haben, schon einiges (genauso viel, wie ein Mann nach so vielen Stunden mit dem Säugling über diesen wüsste), aber es ist ihnen sicher nicht in die Wiege gelegt. Genauso wenig Ahnung haben Frauen von Schulthemen. Aber aus der Not heraus lernen sie es eben nochmal und brüsten sich dann mit ihren Kenntnissen. Meine Großmutter selbst war stolz darauf gewesen, dass ihr Mann, mein Großvater, nie ein Geschirrhandtuch in die Hand genommen hatte. Durfte ich ihr das übel nehmen?

Weiter kam ich mit meiner Überlegung nicht, denn da reißt mich mein Sohn aus meinen Gedanken: Mama, ich habe Durst. Ich schaue ihn erst ganz verdutzt an, denn was hatte das Wasser jetzt mit dem Geschirrhandtuch zu tun, doch er wiederholt seinen Wunsch so eindringlich, dass er mich zurück auf den Boden der Tatsachen und zu der Tatsache hin, dass ich kein Wasser dabei habe, holt. Ich sage also: „Halte noch ein bisschen durch, wir gehen ja bald nach Hause.“ Er erwidert, dass er am Verdursten sei und jetzt unbedingt und sofort Wasser brauche. Gott sei Dank erbarmt sich eine andere Mutter und bietet meinem Sohn etwas von ihrem Wasser an…

Danke, sage ich lächelnd und fühle mich schlecht, weil ich das Wasser vergessen hatte und jetzt auf das Erbarmen einer anderen Mutter angewiesen war, die, so mein Eindruck, nie etwas vergaß. Mein Sohn bemerkt meine Verlegenheit nicht und kaum, dass er getrunken hat, taucht er wieder in dem wuselnden Pack im Park unter.

Ich bleibe sitzen, aber meine Gedanken driften wieder ab, zu den Vätern, die hier nicht sitzen, und die ganz sicher – so denke ich bockig – kein Wasser mitgebracht hätten.

Warum werden bestimmte Formen der Arbeitsteilung immer weiter perpetuiert? Warum glauben die meisten Väter immer noch, dass etwa Schul- oder soziale Probleme ihrer Kinder sie nur peripher etwas angehen, auch wenn ihre Partnerinnen berufstätig sind? Warum werden Elternabende, die doch am Abend stattfinden und von daher von Berufstätigen besucht werden können, immer noch mehrheitlich von Frauen (ob Vollzeitmutter oder nicht, spielt dabei keine Rolle) besucht? Und wenn sie dann doch mal dorthin gelangen, die Väter, – so denke ich mir – schwören sie sich wahrscheinlich, das nächste Mal bestimmt wieder wegzubleiben, denn was sollen sie unter all den Frauen?

Diese Gedanken über die ewige Wiederkehr traditioneller Arbeitsteilung lösen eine ganze Kette unverdauter Erinnerungen in mir aus – leider wird dazu keine Seezunge gereicht –, die meine Trotzgefühle nähren. Wahrscheinlich sitze ich jetzt mit einer verbitterten Miene da auf meiner Parkbank. Meine Banknachbarinnen scheinen es nicht zu bemerken, oder zumindest lassen sie es sich nicht anmerken.

Ich starre in die Baumkronen, die sich zu lichten beginnen, blicke den Blättern nach, die sachte zu Boden fallen. Es ist schließlich immer noch Oktober und dabei soll es bleiben, um wie Virginia Woolf geschrieben hatte, den guten Ruf der Literatur nicht zu gefährden, indem man die Jahreszeiten änderte und im Herbst Flieder, der über die Gartenmauern wallt, beschreibt. „Literatur muss sich an die Tatsachen halten, und je wahrhaftiger die Tatsachen, desto besser die Literatur – so wird uns gesagt." Sie selbst hatte dann doch auf der nächsten Seite die Jahreszeit gewechselt.[8]

Ich bleibe bei Oktober und schaue träumend den zu Boden fallenden Blättern nach. Davonfliegen, das wär's. Doch dieser Wunsch weckt Erinnerungen, die meine Träumerei jäh unterbrechen. „Wo bleibt denn die Nachhilfelehrerin? Kannst du das mal bitte herausfinden!", hatte mich auf meiner letzten Fernreise der Vater meiner Kinder aufgeregt angerufen. Sie hatte sich verspätet – fand ich alsbald aus der Ferne heraus.

Als sich Vater und Kinder am nächsten Tag ebenfalls zu einer Verabredung verspäten (wovon ich sogleich in der Ferne alarmiert werde), und ich mich erkundige, was denn los sei, antwortet mir der Vater meiner Kinder mit einer Standpauke. Ich solle mich doch gefälligst tausend Kilometer entfernt nicht in die Organisation ihres Lebens einmischen. Okay, denke ich, er hat Recht und freue mich schon über diese ungewohnte Entlassung aus der Verantwortung. Noch heute lächele ich bei dem Gedanken an dieses Gefühl der Unzuständigkeit. Doch schon am darauffolgenden Morgen klingelt wieder mein Telefon und ich werde vom Vater meiner Kinder gebeten, doch bitte ganz dringend die heutige Verabredung unseres Sohnes zu organisieren. So einfach war es nicht, davonzufliegen. Trost suchend taste ich nach dem kleinen Reclam Bändchen in meiner Tasche.

Doch da werde ich wiedermal jäh aus meinen Gedanken und Beschäftigungen – des Tastens nach dem Buch – gerissen. Vor mir steht meine Tochter, die mir sagt, sie müsse dringend, ganz dringend auf die Toilette, auf eine richtige Toilette... Oh je, denke ich, das letzte Mal waren die Besitzer des naheliegenden Cafés so zickig gewesen! Was soll's. Mir bleibt nichts anderes übrig, als mich mit meiner Tochter im Schlepptau auf den Weg zu machen. Im Kopf male ich mir schon alle möglichen Szenarien aus, wie dieser Toilettenbesuch in die Hose gehen könnte, denn ich hatte da so meine

---

[8] VW, S. 22.

Erfahrungen gemacht, doch wir schaffen es ohne Unfall zum Café und die Wirtin ist heute überrascherderweise gut gelaunt. Sie lässt uns ohne Murren die Toilette benutzen. Erleichtert – meine Tochter, weil sie sich nach dem Toilettenbesuch besser fühlt, ich weil sich keines der Unfallszenarien abgespielt hatte, die ich mir im Kopf schon so bildlich ausgemalt hatte – kehren wir daraufhin in den Park zurück. Meine Tochter läuft zu ihren KameradInnen und überlässt mich aufs Neue mir selbst und meinen Grübeleien... ich kehre zu meinem alten Bankplatz zurück, doch dieser existiert nicht mehr. In meiner Abwesenheit haben sich meine Sitznachbarinnen auf der Bank ausgebreitet. Erst nachdem ich darum bitte, mir etwas Platz zu machen, rückt man ein wenig, ein klein wenig zur Seite. Auch ein Platz auf einer Bank will ergattert werden.

Vielleicht war ich ungerecht gewesen. Reumütig kommt mir dieser Gedanke. Immer mehr Männer bringen sich in Familie und Haushalt ein, gehen einkaufen und kochen – am Wochenende. Schon wieder teile ich Spitzen aus. Aber keine Sorge, meine Herren, sie hinterlassen keine Spuren, auch diese Erfahrung habe ich machen müssen.

Es gibt natürlich auch jenen Prozentsatz an Männern, der die klassische Mutterrolle einnimmt, der sogenannte *Care-taking-parent*. Diese, mit Verlaub, verlesenen Exemplare plagen sich wahrscheinlich genauso mit allen Widersprüchen unserer gesellschaftlichen Arbeitsteilung wie die weiblichen Mütter. Ein dazu befragter Vater, der diese Rolle gewählt hat, sagte mir, dass seine Karriere seit Ankunft seiner Tochter auf Eis läge.

Außerdem denke ich dann, bin ich gerade dabei mich zu verrennen, indem ich Frauen gegen Männer, und Männer gegen Frauen ausspiele, ohne darüber nachzudenken, was uns Frauen (und Männern in Mutterrolle) dazu bringt, sich diese mütterliche Verantwortung aufzuerlegen? Wer verpflichtet uns dazu? Okay, wie Virginia Woolf schon geschrieben hatte, „Man kann Kinder offenbar nicht einfach auf der Straße herumlaufen lassen.“[9] Und heute anscheinend immer weniger. Kinder werden häufig noch im Alter von zehn Jahren zur Schule begleitet. Was aber genau im Verantwortungsbereich von Eltern liegt, ist kein klarer Auftrag sondern selbstauferlegtes Prinzip. Es gibt keinen Chef, der befiehlt, du musst deine Rolle so oder so ausführen. Zugegeben, es gibt böse Blicke und schlechten Leumund. Eine Mutter, die ihre Kinder vernachlässigt, wird kritisch beäugt und mit übler Nachrede gestraft. Ein Vater kommt weiterhin meist ungeschoren davon. Aber abgesehen davon die Reputation zu riskieren, scheint es einer gewissen Freiwilligkeit geschuldet zu sein, wenn Frauen sich diese mütterliche Verantwortung aufhalsen.

Legitimieren Frauen ihre Existenz immer noch darüber, gute Mütter zu sein und biedere Bürgerinnen (denn auch ein ausschweifendes Leben verträgt sich dem gesellschaftlichen Rollenbild zufolge nur bei Popstars mit Kindererziehung) und erlauben sich dann erst, nebenbei Karriere zu machen? Ich erinnere mich, dass sich meine Mutter, weil sie arbeitete, ihr Leben lang mit einem schlechten Gewissen plagte, was sie dazu brachte, so nebenbei uns Kleider zu nähen, Marmelade einzumachen und Puppenhäuser selbst zu fabrizieren. Das mache ich alles nicht, aber der Anspruch eine perfekte Mutter zu sein, bleibt.

Welche Rolle spielt in dieser Frage der Arbeitsteilung die diskursive Trennung von Privatem und Beruflichem – kommt es mir da in den Sinn –, denn diese verschleiert, dass ein Mensch nicht zweimal, in privaten und in beruflichen Belangen, 100% geben kann, sondern nur einmal und insgesamt 100% zur Verfügung hat? So versuchen Mütter ihr Muttersein als rein private Angelegenheit zu betrachten, die nichts mit ihrem Erfolg oder Misserfolg im Beruf zu tun hat. Die Forderung ‚The personal is political' der amerikanischen 1970er Jahre Feministinnen hatte ganz offensichtlich nichts

[9] VW, S. 31.

an ihrer Brisanz verloren, ist aber dennoch aus der Mode gekommen.[10]

Da werde ich wiederum jäh aus meinen Überlegungen gerissen. Diesmal ist es der Parkwächter, der mich stört. Ich schüttele mich, um wieder zu mir zu kommen, so weit abgedriftet bin ich in meinen Gedanken, dass ich mich verwundert umblicke, immer noch im Park zu sitzen. Doch die Realität in Form des Wächters, der anordnet, den Park zu verlassen, lässt keine weiteren Zweifel zu. Es ist Sperrstunde und bibbernd stelle ich fest, dass es obendrein kalt geworden war. Es ist schließlich immer noch Oktober und mittlerweile ist es Abend geworden. Ich erhebe mich. Die Frauen neben mir unterbrechen ihre Unterhaltung und versuchen, den Nachwuchs einzusammeln. Keine einfache Aufgabe, denn die Kinder sind überall im Park verstreut und nicht gewillt, ihr Spiel zu unterbrechen. Doch wie es auch mir mit der Wirklichkeit in Form des Parkwächters ergangen war, widerstehen auch diese nicht dessen Verordnungen.

Das erste, was mir auffällt, als ich meine Kinder in Empfang nehme, ist, dass sie von oben bis unten verdreckt sind. Seufzend denke ich, dass ich heute Abend um das Bad nicht herumkomme. Dann machen wir uns auf den Heimweg. Auch die anderen Frauen und Kinder verlassen den Park und machen sich in alle Himmelsrichtungen auf den Weg. Sie, ich, wir müssen uns beeilen, nach Hause zu kommen, Hausaufgaben zu machen, Abendessen zu zubereiten und dafür zu sorgen, dass die Kinder ein Bad nehmen (heute ist das, wie gesagt, wirklich unumgänglich) und schließlich, dass sie sich bettfertig machen. All das muss innerhalb von ein bis zwei Stunden erledigt sein. *Rush Hour* nenne ich diese Abende unter der Woche. Allerdings bin ich die einzige, die *rushed* oder huscht in dieser Stunde.

[10] Der Slogan wurde durch den gleichnamigen Essay von Carol Hanish aus dem Jahr 1969 berühmt, sie reklamiert jedoch nicht die Autorinschaft dafür. Stattdessen soll der Slogan kollektiv entstanden sein.

Auf dem Weg nach Hause höre ich mir allerlei Gejammer an, denn die beiden sind müde und zu Fuß gehen ist langweilig, aber irgendwie schaffen wir es doch. Zu Hause eingetroffen beginnen wir mit dem Marathon: Hausaufgaben, Kochen, Essen, Baden und Bettgehen.

Und dann, so hoffe ich, bleibt noch ein bisschen Zeit für mich und meine Arbeit. Etwa dafür, aus dem Fenster gelehnt noch eine sündhafte Zigarette zu rauchen, oder dafür, vor dem Schlafengehen noch einige Emails zu beantworten. Ach ja, beinahe hätte ich es vergessen, die Küche muss noch aufgeräumt und der nächste Schultag vorbereitet werden. Auch darf ich nicht vergessen nachzuschauen, ob die Kinder nicht morgen in der Schule etwas Spezielles dabei- oder anhaben müssen und zu guter Letzt stellt sich auch noch die Frage des morgigen Pausenbrotes. Gibt es noch genügend Proviant? Ich schaue in den Kühlschrank und dabei drängt sich eine dieser unangenehmen Erinnerungen in mir auf, die mich jedes Mal, wenn ich an sie denke, erneut erschauern lassen. Eines Morgens war ich mit meiner Tochter nichtsahnend in der Schule eingetroffen, als mich die Lehrerin mit den Worten empfängt: „Wo ist denn der Kuchen? Sie wissen doch, dass wir heute den Geburtstag ihrer Tochter feiern!"

Ich hatte keinen Kuchen und noch weniger eine Erklärung dafür. Auch der spätere Versuch einer Kollegin, mich mit einer Anekdote aus ihrer Kindheit über mein Versagen als Mutter hinwegzutrösten, beruhigte mich nicht. Sie erzählte mir, dass ihre Mutter einmal vollkommen vergessen hatte, einzukaufen und sie und ihre Geschwister dann ohne Essen in die Schule geschickt hatte. Sie, die Kollegin, hatte dieses Erlebnis am selben Tag im Deutschunterricht in einem Aufsatzthema verarbeitet. Ihre Mutter wurde prompt in die Schule zitiert.

Tja, Mütter oder besser gesagt *care-taking-parents* dürfen eben nichts versäumen, bestätigt mich diese Anekdote noch in meiner Niedergeschlagenheit und ich verdränge meine Erinnerung lieber schnell wieder in einem Hinterstübchen, stelle aber erleichtert fest, dass sich ausreichend Proviant im Kühlschrank findet und schließe dessen Tür.

Dann bringe ich die Kinder zu Bett, nicht ohne Gezeter, denn ich will, dass dieses Bettbringen schnell und reibungslos verläuft, während die Kinder noch lange von ihrer Mutter profitieren wollen, und erst eine dann noch eine und noch eine Geschichte hören wollen. Nachdem ich sie endlich durch inständiges Bitten und Betteln dazu kriege, mich gehen zu lassen, laufe ich eiligst zum Computer, öffne das Mailprogramm und stelle fest, dass eine Kollegin vor zwei Stunden ein ganz wichtiges Dokument brauchte, das ich ihr hätte schicken sollen. Vor zwei Stunden – so denke ich resigniert – da hatte gerade die *Rush Hour* begonnen und ich war mit anderem beschäftigt gewesen, als daran zu denken, meine Emails zu lesen. Ich war eine der vielen Frauen, die, wie uns Virginia Woolf in ihrem Vortrag erinnerte, nicht anwesend waren, weil sie das Geschirr abwuschen und die Kinder zu Bett brachten.[11]

Resigniert starre ich auf den Bildschirm, hatte sich denn so gar nichts geändert seit Frau Woolf vor 89 Jahren ihr Manuskript verfasst hatte? Ist der Alltag vieler Frauen in dieser technisch so fortschrittlichen Welt von Anachronismen geprägt, dass ich mich mit Miss Nightingale, die doch immerhin aus dem tiefsten 19. Jahrhundert stammte, beklagen muss: „Frauen haben niemals eine Stunde [...] die sie ihr Eigen nennen“[12]? Verärgert warf ich Woolfs Buch in die Ecke. Nicht, weil in dem Buch etwas geschrieben stand, was meinen Missmut hervorrief, sondern weil der Vergleich meiner Situation mit der, die im Buch geschildert wurde, frustrierend ist. Alles, was wohlbehütet ins Hinterstübchen meines Kopfes verbannt war, muss jetzt an die frische Luft, der Groll, die Sorgen, Ambitionen und Träume machen sich vor meinem inneren Auge breit und lassen die äußere Welt in den Hintergrund treten. Das arme Buch war daran natürlich nicht schuld, musste aber dennoch dafür büßen.

---

[11] VW, S. 155.

[12] Zitiert nach VW, S. 91.

Mir fällt ein, dass Mütter für ihre Multitasking-Fähigkeiten gepriesen werden. Und ich frage mich, warum fehlen mir nur ihre acht Arme und Hände, die ohne Mühe eine Anzahl verschiedenartigster Tätigkeiten gleichzeitig erledigen könnten? Kochen, Schnuller suchen, Hausaufgaben betreuen, ein paar wichtige Emails aufsetzen und bei all dem nicht die Konzeption des eigenen unternehmerischen Wunschprojektes vergessen. Das müsse Frauen alles sehr leicht fallen, sie erledigten dies sozusagen mit links. Wie ferngesteuert öffne ich ein neues Dokument auf meinem Computer und fange an, meine verzweigten und unsortierten Reflexionen in die Tastatur zu tippen, anstatt das zu erledigen, was dringend anstünde. So beginne ich den ersten Teil dieser Untersuchung im Speicher des Computers zu verewigen.

Das viel gepriesene Multitasking ist nicht meine Stärke, schreibe ich. Meine Unzulänglichkeiten machen sich überall bemerkbar, ich weiß nicht mehr, wo ich Dinge hinlege, und was ich wollte, sobald ich ein Zimmer betrete, das ich zu einem bestimmten Zwecke aufsuchte. Man kann von Glück reden, wenn du noch weißt, wo dein Kopf sitzt, sagt man lachend zu mir. Ich lache mit und übersehe eine Stufe. Flatsch liege ich der Länge nach auf dem Boden.

Ich raffe mich wieder auf und übersehe weiterhin so ziemlich alles, nicht nur Stufen, sondern auch Fehler. Fehler in Texten, Konzepten und Anreden. Anna ist dann etwa nacheinander Susi, Mama oder Gottfried, bis sie endlich Anna heißt. Meine Familie lacht und ich lache notgedrungen mit. Diesmal achte ich allerdings auf die Stufe und falle nicht hin.

All das spielt sich natürlich nur in meinem Kopf ab. In Wirklichkeit sitze ich unverändert resigniert und immobil auf meinem zugegeben unbequemen Bürosessel – nein nicht ganz unbeweglich, ich tippe wild drauf los, was mir so in den Sinn kommt. Es sprudelt nur so aus mir heraus, und in die Tasten hinein, so dass ich meinen Bewegungsapparat und den unbequemen Stuhl bald nur noch peripher wahrnehme.

Mich über meine Untauglichkeit für Multitasking Aufgaben hinwegtröstend, schreibe ich, dass es zu allen Thesen glücklicherweise auch Antithesen gibt. Diesmal hatte ich die Antithese in dem Buch *Müdigkeitsgesellschaft* gelesen, dessen Autor, Byung-Chul Han,[13] hatte nämlich die Behauptung aufgestellt, dass nicht das Multitasking sondern im Gegenteil die Fähigkeit, sich auf eine Sache konzentrieren zu können, eine Errungenschaft der Zivilisation sei, dass wir, nicht wie Tiere, die sogar während sie Nahrung zu sich nehmen, immer darauf achten müssen, nicht im nächsten Augenblick gefressen zu werden, uns einer Sache hingeben können, ohne dabei auf anderes zu achten. Dass wir in Ruhe essen, schreiben und philosophieren können – wenn wir nicht gerade kleine Kinder haben, widerspreche ich ihm trotzig.

Da bin ich dann doch wieder bei Virginia Woolf angelangt. Ich nehme reuig ihr Buch wieder zur Hand und streiche sorgfältig dessen Seiten, die sichtlich unter meiner wütenden Geste gelitten haben, glatt.

Es war genau diese für die Konzentration so notwendige Ruhe gewesen, die Virginia Woolf dazu getrieben hatte, ein Zimmer für sich allein zu fordern und in ihren Überlegungen zu Frauen und Literatur darüber zu schreiben, wie schwierig es für Jane Austen gewesen sein müsse, alle ihre Romane im gemeinsamen Wohnzimmer, in dem sie nur selten allein war, zu verfassen und das sie dazu zwang, schnell ein Löschpapier über das Manuskript zu schieben, sobald jemand das Zimmer betrat, damit man sie nicht bei ihrer Arbeit ertappte und sich etwa darüber mokierte, dass sie schrieb. Eine Frau, die schrieb war schließlich damals noch eine seltene Attraktion.[14] Und genau diese Bedingung der Konzentration war im Leben des *care-taking-parent* immer noch ein schwer zu eroberndes Terrain.

Diese Überlegungen hegen dann sogleich weiteren Widerspruch gegen die Huldigung des Multitasking in mir. Wenn Frauen

---

[13] Byung-Chul Hang, *Müdigkeitsgesellschaft*, 2010, S. 27.

[14] VW, S. 92.

nun für ihre Qualitäten als Multitasking Expertinnen gepriesen werden, ist dieses Lob vielleicht nur eine perfide Art und Weise, Arbeit und lohnabhängige Arbeitende allgemein abzuwerten? fragte ich mich.

In einem anderen Buch, *Die eindimensionale Frau* von Nina Power, hatte ich gelesen, Arbeit wird feminisiert, das heißt euphemistisch gesprochen, sie wird flexibler gestaltet und das bedeutet reell schlechte Arbeitsverträge, Unterbezahlung sowie dass die Trennung von Beruf und Privatleben, wie sie in der Diskursebene weiterhin so sorgsam gepflegt wird – bloß nicht deine Kinder im Job erwähnen, heißt der kategorische Imperativ, wenn du ernst genommen werden willst – aus der Perspektive des Arbeitsauftrages von einer völligen Durchdringung des Privaten abgelöst wird.[15]

In dieser feminisierten Arbeitswelt sind Frauen durchaus gefragte Mitarbeiterinnen, aber eben zu Konditionen, die lange Zeit nach Dekaden von Arbeitskämpfen nicht mehr akzeptiert worden waren, und die erfordern, dass MitarbeiterInnen flexibel und allseits erreichbar seien, und ihre Leistungsreserven Tag und Nacht komplett ausschöpfen. Ganz so, wie das Mütter schon immer getan haben, nun aber für den (unter-)bezahlten Job. Ist das ein Fortschritt? Als Mutter dürfen berufstätige Frauen, wenn sie Erfolg haben wollen, dabei nicht in Erscheinung treten. Kritisch war diese neue Flexibilisierung der Arbeitswelt und freiwillige Ausbeutung schon als ‚Leistungsgesellschaft' gebrandmarkt worden, stand aber dennoch weiterhin hoch im Trend der Ökonomen und Politiker.

Dazu fiel mir die Erzählung einer Freundin ein, die gerade einen großen Karrieresprung gemacht hat. Sie erzählte mir, dass ihr Chef sie, kurz bevor sie den neuen Posten angetreten habe, gefragt hat, ob sie denn auch sicher sei, dass sie die Anforderungen des Jobs bewältigen könne, schließlich habe sie Familie. Was für eine Frage, dachte ich an diesem Punkt ihrer Erzählung: Welcher erfolgreiche

---

[15] Nina Power, *Die eindimensionale Frau*, 2011, S. 29 ff.

Mann hat keine Familie? Wir werden eher skeptisch, wenn wir hören, dass ein Mann keine Familie hat, denn seine psychische Stabilität könnte gefährdet sein, wenn das affektive Umfeld nicht gesichert ist. Nicht so bei Frauen.

Und die Frage des Vorgesetzten sollte sich auch gleich als berechtigt herausstellen. Ausgerechnet an ihrem ersten Arbeitstag auf dem neuen Posten wachen ihre beiden Töchter mit hohem Fieber auf und können nicht in die Schule gehen. Einen Babysitter findet sie so schnell nicht. Und so muss sie denn notgedrungen zu Hause bleiben. Wo der Vater war? Beruflich unterwegs.

Am Vormittag ruft ihr Chef an und fragt sie: „Wo bist du denn, schalt doch mal bitte die Videokamera ein!" Sie wäre vor Peinlichkeit, wie man so schön sagt, am liebsten im Erdboden versunken. Aber es half nichts, sie konnte die Situation in diesem Moment nicht mehr ändern und so schaltete sie die Kamera ein. Das Bild, das sich ihrem Chef auf seinem Bildschirm darbot, präsentierte das volle Panorama ihres Dramas: sie sitzt an ihrem Schreibtisch im Wohnzimmer, während im Hintergrund ihre Kinder herumhüpfen (Falls es Ihnen entgangen sein sollte: Bis zu einem bestimmten Alter legen sich kranke Kinder nicht still ins Bett, auch dann nicht, wenn sie hohes Fieber haben, sondern sie tollen herum, als ob sie gesund wären.) Ich weiß nicht, ob dieser Vorfall Folgen hatte, aber ich weiß, dass er meine Freundin psychisch unter Druck setzte. Und sie sich schwor, dass ihr so etwas so schnell nicht wieder passieren dürfe.

Das Knäul – ich hatte es schon fast vergessen – rollt auf mich zu. Ich nehme das Knäul und ein paar Stricknadeln in die Hand, und bemerke wie sich die Maschen dieser Episode so mir nichts dir nichts von selbst, denn ich kann ja gar nicht stricken, mit anderen ähnlichen Erinnerungen verknüpfen, so dass sich die singuläre Erfahrung zu einem Strickmuster des feminisierten Multitasking zusammenfügt.

Die Journalistin Claire S. hatte mir etwa erzählt, dass, während sie den Autor eines Buches zum Thema Stressbewältigung am Telefon interviewte, plötzlich ihre einjährige Tochter in den Raum schneite und partout nicht mehr das Zimmer verlassen wollte. „Ich habe es eilig, kommen Sie endlich zur nächsten Frage“, reagierte der Autor ungeduldig, als Clara S. ihr Interview für einen Moment unterbrach, um ihre Tochter aus dem Zimmer zu bugsieren.

„Mama, ich kann nicht einschlafen“, wird da meine eigene Tätigkeit durch die Stimme meiner Tochter unterbrochen. Ich schlucke meinen Widerwillen herunter, denn ich wollte nicht unterbrochen werden, nicht an dieser Stelle… nehme sie aber doch in den Arm und sage ihr manipulativ liebevoll, dass sie nur dann einschlafen könne, wenn sie sich schnell wieder in ihr Bett lege. Sie müsse nur ein bisschen Geduld haben, dann würde der Schlaf schon kommen. Da fällt ihr ein, dass sie auch Durst habe. Sie könne sich doch bitte selbst ein Glas Wasser holen, versuch ich es noch einmal. Aber nein, das kann sie nicht und sie will unbedingt, dass ich sie persönlich wieder zurück in ihr Bett bringe. Widerwillig seufzend erhebe ich mich…

Zurück an meinem Arbeitsplatz fällt mir ein, dass ich doch eigentlich etwas anderes tun sollte, aber ich vertreibe diesen Einfall schnell und frage mich stattdessen, wo war ich stehen geblieben? Ich hatte es vergessen. Doch das war das Stichwort, denn auch die Journalistin Claire S. hatte vergessen, was zu tun war. Unter dem Druck, gleichzeitig ihrem Interviewpartner und ihrer Tochter gerecht werden zu wollen, hatte sie vergessen, was sie ihren Gesprächspartner bereits gefragt hatte und was nicht. So fing sie an, sich zu wiederholen. Ihr Gegenüber am anderen Ende der telefonischen Verbindung reagierte immer gereizter. „Haben Sie es jetzt endlich?“, schnauzte er verärgert in die Leitung, „Ich habe keine Zeit, Ihnen alles dreimal zu erklären.“

Das Thema Stressbewältigung, das doch Inhalt seines Buches war, hatte dabei leider weder ihm noch ihr geholfen – denke ich verbissen –, um dann sogleich kleinlaut einzugestehen, dass das, was ich hier schreibe, voller Aufbegehren und Groll geschrieben war. Nochmals streiche ich beschämt über die Seiten des Buches, die Knitterspuren sind immer noch zu erkennen –, und dieser Groll tut nicht nur dem Buch sondern auch meinem Anliegen nicht gut.

Virginia Woolf hatte davor gewarnt, seinen Zorn in seine literarischen Zeilen einfließen zu lassen. Mit Wut im Leib schreibt es sich nicht gut.

Nein, das war ein Euphemismus! Es stand ihr zufolge viel mehr auf dem Spiel als die Qualität des Schreibstils. Es sei tödlich für eine Frau – war ihr vernichtendes Urteil – irgendeinen Groll auch nur im Geringsten hervorzuheben, in irgendeiner Sache Gerechtigkeit zu erflehen oder in irgendeiner Weise bewusst als Frau zu sprechen. Und wenn sie tödlich geschrieben hat, so war das keine Redewendung, denn sie führt aus, dass alles, was mit dieser bewussten Einseitigkeit geschrieben wird, buchstäblich zum Tode verurteilt ist.[16]

Sie erinnert uns an Charlotte Brontë und daran, dass sich in ihrem Werke deutlich zeigt, was passiert, wenn sich die persönliche Empörung im Text ausbreitet. Sie schreibt: „Ihre Bücher werden entstellt und verdreht bleiben. Sie wird voller Zorn schreiben, wo sie gelassen schreiben sollte. Sie wird töricht schreiben, wo sie klug schreiben sollte. Sie wird über sich schreiben, wo sie von ihren Figuren schreiben sollte. Sie hadert mit ihrem Los.“[17] Hadere ich mit meinem Los? Du bist wohl neidisch, kein Mann zu sein, hatte man mir denn auch tatsächlich schon gesagt. Ich verdränge diesen Gedanken lieber schnell wieder. Ich will nicht mit meinem Los hadern, ich will kein Mann sein und ich will auch nichts schreiben, das zum Tode verurteilt ist, aber vielleicht ist es gerade der Groll, der mich dazu trieb, weiter zu schreiben und die Maschen des Berichts wieder aufzunehmen.

Ein weiteres Szenario um ein Telefonat fällt mir da ein – ich greife zu, denn es lenkt mich vom Todesurteil ab. Diesmal war ich selbst involviert. Ausgerechnet am Tag der Geburt meines ersten

---

[16] VW, S. 142.
[17] VW, S. 95.

Kindes erhielt ich eine wichtige, meine berufliche Zukunft betreffende Email. Diese Mail enthielt eine Frist bis zu jener ich verpflichtet sei, mich persönlich beim Sender der Mail zu melden. Als ich die Mail am Tag meiner Entlassung aus der Klinik las, war die Frist schon fast verstrichen. So wollte ich diesen Anruf so bald wie möglich erledigen, doch das Neugeborene schrie nach Leibeskräften und zwar solange, bis auch der Vater des Kindes nach Leibeskräften schrie. In seinen Augen stellte ich mit diesem Telefonat mein berufliches Wohl über jenes des Kindes. Er schrie, ich schrie und zwischendrin wieder das Neugeborene. Schließlich habe ich den Anruf mit dem Säugling im Arm erledigt. Und ich hatte Glück. Das Baby hielt still.

Kinder und Jobs geraten sich in dieser Gesellschaft, in der Leistung und Produktivität als oberste Prinzipien gelten, leider in die Quere – muss ich betrübt feststellen. „Ein Vermögen zu verdienen und dreizehn Kinder zu kriegen – dazu würde kein Mensch in der Lage sein.“, so hatte Virginia Woolf geschrieben. Ich hatte nur zwei Kinder und dennoch kein Vermögen verdient. Jedoch hatte ich meine Kinder nicht zurücklassen müssen wie jene Frauen, die gezwungen sind, in der Ferne Arbeit zu finden und dennoch kein Vermögen verdienen. Ich denke an Kathi B. und die Not und Verzweiflung, die es braucht, um die eigenen Kinder zehntausende Kilometer zurückzulassen.

Ein wesentlicher Teil der Emanzipation westlicher Frauen wird auf dem Rücken anderer ausgetragen. Rücken? Unter Einsatz von Rücken, Schultern, Armen, von Körper und Geist, sorgen Migrantinnen dafür, dass manche Frauen vieles tun und lassen können und die Gesellschaft so bleiben kann wie sie ist. Dass weder Kindern noch Männern andere Plätze in der Produktion und Reproduktion der Gesellschaft zugeordnet werden, oder gar die Produktionsverhältnisse von Grund auf in Frage gestellt werden. Die Arbeit mit Kindern bleibt schlecht oder nicht bezahlte Arbeit, und zu einem hohen Prozentsatz Frauensache. Außerdem steht sie in Konkurrenz mit anderen, besser bezahlten Tätigkeiten, die einigen Privilegierten offen stehen, während andere die schlecht bezahlte Arbeit ausführen. Eine Lösung für diese Problematik zu finden ist bislang nicht wirklich erwünscht, weil sie erfordern würde, sehr grundsätzlich die Fragen der Mehrwertproduktion und -reproduktion neu zu konzipieren.

In den 1970er Jahren hatten italienische Feministinnen wie Silvia Federici, Mariarosa Dalla Costa, Leopoldina Fortunati und Selma James Gehälter für unbezahlte Haushalts- und Erziehungstätigkeiten gefordert, um zu zeigen, wie sehr die kapitalistische Produktionsweise auf der Trennung von bezahlter „produktiver" Arbeit und unbezahlter „reproduktiver" Arbeit basierte und darauf, dass die Arbeitskraft selbst gratis – und zwar vorwiegend durch Frauen – reproduziert wird.

Die Arbeiterklasse bildet keine Einheit, sondern ist, etwa „durch den Gebrauch des Lohnes, der den Entlohnten Macht über die nicht Entlohnten verleiht", gespalten. Banalisiert heißt das, der ‚Arbeiter' kann seinen Frust aus dem Arbeitsalltag an seiner unbezahlten ‚Frau' auslassen. Und die ‚Ehefrauen' der Kaptaleigner können sich an Privilegien festhalten, ohne selbst eine Machtposition gegenüber den ArbeiterInnen einzunehmen.

Das heißt, dass die Entlohnten und die nicht Entlohnten nicht gemeinsam dem Kapitaleigner gegenüberstehen, sondern die ‚Hausfrau' (historisch betrachtet sind dies Frauen, aber grundsätzlich ließe sich dieses Prinzip auch auf den Hausmann und Ehemann der Kapitaleignerin übertragen) ist gleichzeitig Teil und Gegenüber des Arbeiters oder der Arbeiterin, der anderen ‚Hausfrauen' und der ‚Kapitaleigner', ein- und ausgeschlossen aus dem Arbeitsmarkt.

Und niemand kennt sich mehr aus, wo er in der Hierarchie der Gesellschaft steht und wen oder was er bekämpfen muss. Das klare ‚oben' und ‚unten' wird bis zur Unkenntlichkeit verzerrt.[18]

[18] Silvia Federici, *Aufstand aus der Küche*, 2015, S. 23.

Und weiter schreibt Federici, naturalisiert und mystifiziert der Kapitalismus diese Spaltungen „vermittels der Annahme unterschiedlicher Veranlagungen die Organisation differenzierter Arbeitsregime."[19] Was hier so kompliziert klingt, hatte Helge Schneider auf die einfache Formel gebracht: „Zeig mal deine Hände, die sind kleiner als meine, damit kommst du besser in die Ecken zum Putzen, die Verbindung ist ideal."

Joseph Beuys hatte die Forderung nach Lohn für Hausarbeit damals sogleich für sich kapitalisiert, als er auf der Documenta 5, 1972, mit einem Stück Kreide auf eine Schiefertafel ‚Hausfrauengehalt' schmierte. Uups, dabei aber unversehens und plump die Hausarbeit wieder als Frauenarbeit etikettiert. Diesen Patzer ließ man ihm durchgehen. Hatte man ihn überhaupt bemerkt?

Die Forderung der italienischen Feministinnen nach Lohn für Hausarbeit erfuhr dann leider in der Einführung der deutschen ‚Herdprämie' noch eine weitere zynische Wendung. Diese bestand darin, dass man ein minimales Betreuungsgeld denjenigen Eltern zahlte, die ihre Kinder zu Hause betreuten. Naja, es ist kein Wunder, dass diese Regelung als Herdprämie diffamiert wird. Von der ursprünglichen Hinterfragung der Trennung von ‚produktiver' und ‚reproduktiver' Arbeit war nur noch eine Frage scheinbarer symbolischer Wertschätzung von Müttern übriggeblieben, die zu einem Obolus, der zum Mundhalten verpflichtete, zusammen schrumpfte. Man könnte ihnen, böse gesprochen, auch wieder das Mutterkreuz verleihen.

Die offizielle Gleichstellung der Geschlechter hatte jetzt zudem dazu geführt, dass Frauen, auch wenn sie sich jahrelang ganz den Kindern gewidmet hatten und daher die eigene ‚Karriere' hintenan stellten, im Falle einer Scheidung leer ausgehen. Denn es steht ihnen ja schließlich frei, arbeiten zu gehen.

Nannies oder Kindermädchen (gering bezahlte Migrantinnen, die sich politisch nur schwer organisieren können, sei es, weil ihr Aufenthaltsstatus fragil ist, sei es, weil sie kaum Freizeit haben)

---

[19] Ebenda.

sind dann eine Notlösung, um für Arbeit bezahlen zu können, die man mit Liebe erledigt haben will und dennoch eine affektive Beziehung zu den Kindern erwartet. Manche Frauen können sich auf diese Weise emanzipieren und gleichzeitig die ‚Männer' beruhigen, denn die gesellschaftliche Arbeitsteilung wird nicht in Frage gestellt.

Aber auch die ‚Nanny' kann das grundlegende Problem, das sich Kinder und Beruf in unserer kapitalistischen Leistungsgesellschaft in die Quere geraten, nicht lösen und das auch und gerade dann nicht, wenn sich die Problematik weniger existenziell gestaltet, und hauptsächlich westliche Eltern der Mittelklasse betrifft. Auch in diesen Fällen drängt der Interessenskonflikt zwischen Beruf und Kindern immer wieder dazu, sich entweder für das eine oder für das andere entscheiden zu müssen. Beides zu vereinbaren ist nicht immer nur eine Frage der guten Organisation. Nicht alle Zeiteinteilung lässt sich planen und vorrausschauen. Ich denke daran, dass auch meine Kinder regelmäßig krank werden, wenn wichtige berufliche Termine anstehen. Und wie das dann aussieht, das hatte ich schon angesprochen: Kinder toben krank manchmal genauso herum wie gesund.

Ungläubig las ich daher vor einiger Zeit, dass es nicht allen Müttern (und *care-taking-parents*) so ergehen muss. Die Richterin Lore Peschel-Gutzeit beteuert in ihrer Autobiografie, dass ihre beruflichen und mütterlichen Verpflichtungen in ihrer langen erfolgreichen Karriere als alleinerziehende Mutter dreier Kinder nur ganze zwei Mal in einen Interessenskonflikt geraten seien. An das eine Mal könne sie sich nicht einmal mehr erinnern. Das andere Mal hatte sich ihre Tochter an der Heizung den Kopf angeschlagen. Die Wunde blutete stark und war dem Augenschein nach so tief, dass sie genäht werden musste. Peschel-Gutzeit hatte allerdings justament einen sehr bedeutenden Gerichtstermin, den sie unmöglich verschieben konnte. So rief sie denn den Arzt an, und fragte ihn, wie lange die Tochter unbehandelt bleiben könne, und nahm dann ihren Gerichtstermin wahr.[20]

Nach der Lektüre dieser Episode hatte ich das Buch beiseitegelegt und es seither nie wieder aufgeschlagen. Nicht deswegen, weil ich es moralisch unzumutbar fand, wie sie gehandelt hatte, sondern weil es mir zu unglaubwürdig erschien, dass sich ihre beruflichen und mütterlichen Pflichten nur zwei Mal ins Gehege kamen. Das taten sie bei mir täglich. Damit will ich allerdings kein Plädoyer dafür halten, das einer der beiden Elternteile notgedrungen zu Hause bleiben muss, sondern dafür, dass Arbeit anders, besser, gleicher aufgeteilt werden sollte. Warum sind in den letzten 20 Jahren etwa die Arbeitszeiten von Managern gestiegen anstatt zu sinken? Management ist doch eigentlich eine Frage von Delegation und keine Frage von ausgedehnten Anwesenheitspflichten. Doch seit die digitale Kommunikation eine ständige Erreichbarkeit ermöglicht, wird diese häufig auch erwartet. Und das Problem betrifft genauso alle Selbstständigen ohne feste Arbeitszeiten. Eltern können sich die ständige Erreichbarkeit aber eigentlich nicht leisten. Könnten wir uns wehren? Unter welchen Umständen kann eine Generation Männer heranwachsen, die sich weigert, 100 % für ihren Job zur Verfügung zu stehen, weil sie Zeit mit ihren Kindern verbringen will? Gibt es Männer, die weder vom Erfolg getrieben noch aus Gründen der Existenzsicherung lange Arbeitszeiten in Kauf nehmen? Männer, die die Kinderbetreuung nicht nur den Frauen überlassen, sondern sich daran beteiligen wollen?

Aber auch im Falle motivierter Männer bleibt das Problem der Kinderbetreuung. Schule findet nun mal vornehmlich vormittags statt und Arbeitsplätze können nicht nur vormittags besetzt sein. Und ließen sich alle Arbeitsplätze teilen und dadurch die Arbeitszeit halbieren? Schweden – ja in Schweden soll alles ganz anders sein und auch Manager Halbtagsposten haben können. Ich weiß nicht, ob das stimmt. (Mir fällt Panama ein – ‚Oh wie schön ist Pa-

[20] Lore Peschel-Gutzeit, *Selbstverständlich gleichberechtigt*, 2012, S. 135 ff.

nama', da riecht alles nach Bananen, sagt der kleine Bär von Janosch, schaffte es aber nie bis dorthin, um nachzusehen, wie es denn tatsächlich um die Bananen stand.)

Es ist spät geworden und meine Augen brennen vor lauter Bildschirmstarren. Ich räkele mich, um meine verspannten Glieder zu dehnen – der Bürosessel ist doch wirklich sehr unbequem – und entschließe mich, ins Bett zu gehen. Müde und mit schlechtem Gewissen, denn ich hatte nicht gearbeitet und keine meiner Verpflichtungen erfüllt, sondern stattdessen wild Ideen über banale Alltagssorgen in den Computer gehackt. Gut, daran ließ sich jetzt nichts mehr ändern, tröste ich mich und schleiche ins Bett.

Auf dem Weg dorthin sehe ich plötzlich eine Erscheinung vor mir, ein halb vergessener Freund aus Urzeiten ruft mir zu: ‚Krieg bloß keine Kinder. Das wirst du bitter bereuen. Das führt zu einem Karriereknick.' Der Satz hallt wie ein Echo durch den Raum: ‚Krieg keine Kinder, Krieg, Kinder, Krieg, Krieg, Krieg!'

Ja, damals vor langer Zeit, bevor ich Kinder hatte, hatte er mich davor gewarnt, welche zu bekommen. Seither war der Kontakt abgebrochen. Vielleicht, weil ich mich schämte, nicht seinem Rat gefolgt zu sein. Seine Gestalt verblasst und stattdessen steht Virginia Woolf vor mir, so schien es mir jedenfalls. Sie bleibt stumm, aber sie hätte mir wahrscheinlich auch davon abgeraten, Kinder zu bekommen. Sämtliche Frauen, die sie erwähnt, samt ihrer selbst, waren kinderlos. Und soweit ich mich erinnere, preist sie es wie einen Segen, wenn Frauen davon entbunden werden, Kinder zu kriegen. Am nächsten Tag wollte ich die Textstelle suchen, fand sie aber nicht und entschied mich schließlich für eine Äußerung, in der sie geschickt ‚die Ökonomen' vorschob, um ihrem Argument unter die Arme zu greifen: „Zudem sagen uns die Ökonomen, dass Mrs. Seton zu viele Kinder hatte. Sie müssen natürlich weiterhin Kinder gebären, aber nur zwei oder drei, nicht zehn oder zwölf."[21]

[21] VW, S. 154.

Dann wird auch die Gestalt von Virginia Woolf von einer anderen Halluzination abgelöst. Ein breit grinsendes Gesicht ruft mir höhnisch entgegen: „Das war kein Karriereknick. Das war ein Kollaps. Du hast dich sprichwörtlich ausradiert." Berührt von so viel Direktheit, weiß ich nicht so recht, ob ich diese Bemerkung als Kränkung verstehen oder sie einfach als Realität hinnehmen sollte. Glücklicherweise war ich bei meinem Bett angelangt, plumpste hinein, zog die Decke über beide Ohren, um das grinsende Gesicht nicht mehr sehen zu müssen und um schnell einzuschlafen und den Tag zu vergessen. Doch diese halluzinatorischen Erlebnisse hatten eine gedankliche Kettenreaktion ausgelöst, die nicht mehr einzufangen war.

Bereute ich meine Kinder? Schlich sich eine hinterlistige Stimme aus dem hintersten aller Hinterstübchen und unter die Decke in meinen Kopf. Denn diese Frage war doch ein Tabu. So etwas durfte eine Mutter nicht einmal denken. Oder doch? In einem Zeitungsbericht war ich anderntags auf die Soziologin Orna Donath gestoßen, die genau diese Frage stellte.[22] Alle von ihr interviewten Frauen (aller Alters- und Bildungsgruppen) reagierten auf die Frage: „Wenn Sie mit dem heutigen Wissen die Zeit zurückdrehen könnten: Würden Sie noch einmal Mutter werden?" mit „Nein" hatte ich da gelesen. Sie beschrieben Mutterschaft als „Zeitvergeudung", „30 Jahre Leiden", „Versklavung" und „Albtraum".[23] Der ebenso elegante wie lapidare Kommentar des Zeitungsberichts lautete: Manchmal kann also auch das Lächeln eines Kindes nicht den Verlust des eigenen Lebens, der eigenen Identität aufwiegen.

Orna Donath selbst findet es nicht überraschend, stand dort weiter geschrieben, diese Frauen gefunden zu haben: „Wir bereuen berufliche Entscheidungen, wir bereuen Tattoos, Partner, Ehen – warum nicht auch die Entscheidung für Kinder?"[24]

---

[22] Orna Donath, *Regretting Motherhood, A Sociopolitical Analysis*, in: *Signs: Journal of Women and Culture in Society*, 2015.
[23] Ebenda.
[24] Ibid.

Doch wie ich weiter dem Bericht entnehme, löste die Studie hitzige Debatten aus. Eine Mutter muss ihr Kind doch einfach lieb haben, das liegt in der Natur der Dinge, rufen die LeserInnen empört im Chor.

Nein, als naturgegeben empfinde ich Mutterliebe nicht, aber ich musste zugeben, dass mich meine Kinder verführt hatten und ich dahinschmolz, wenn ich sie lächeln sah. Ganz so wie es in dem Zeitungstext geschrieben stand, kam dem Lächeln meines Kindes dabei die Schlüsselrolle zu und half mir über so manche Mühe hinweg. Ich muss aber auch feststellen, dass mich dieses Lächeln tagtäglich in eine Zwickmühle trieb, denn den Verlust des eigenen Lebens, der eigenen Identität wie es in dem Zeitungsbericht weiter so lapidar geschrieben stand, kann es nicht aufwiegen. So führt mich dieses Lächeln jeden Tag zu einem Tauziehen mit meinen eigenen Ambitionen. Der Wettkampf endete bislang unterschieden, aber er war psychisch wie physisch strapaziös.

Was mich stört – formt sich da ein Widerspruch gegen Orna Donaths Studie in mir –, ist, dass das Gefühl die Kinder zu bereuen, darin als etwas dargestellt wird, das endgültig sei. Bereuen wir nicht manchmal etwas mit dem wir uns dann doch wieder anfreunden? Auch Gefühle haben eine Geschichte. Gehen uns unsere Kinder nicht alle mal so sehr auf die Nerven, dass wir sie am liebsten auf den Mond schicken würden, um sie dann im nächsten Moment schleunigst wieder von dort abzuholen?

Ich will die Kinder nicht immer am Leib, sie nicht zur Last haben, ich will auch mal andere Prioritäten setzen. Ich will Kinder haben und frei sein, und wie viele andere Frauen und Männer, Kinder und Karriere statt Kinder, Küche, Kirche. Aber das klingt schon wieder sehr nach einem neoliberalen Werbeslogan und ich werde skeptisch, denn Kinder und Karriere liegen längst im Trend und dennoch finden sich Frauen hauptsächlich in Halbtagsjobs und im Niedriglohnsektor unserer postindustriellen Gesellschaft wieder.

Ich wälze mich im Bett herum und versuche endlich einzuschlafen. Heute würde ich wohl keine Antworten mehr auf all diese verzweigten und verzwickten Fragen finden. Und der Wecker wird am Morgen unbarmherzig klingeln, mich aus dem Bett und ins Bad jagen, die Liste ist allgemein bekannt, anziehen, Frühstück zubereiten, Kinder wecken, sie zum Frühstück, zum Anziehen bewegen und schließlich zur Schule zu bringen. Und dann an den Schreibtisch. Ich sollte also endlich schlafen, mein Geist will aber noch dies und jenes bedenken und gleichzeitig plagt mich die Nichtigkeit meiner Überlegungen. Das sind doch alles unbedeutende Probleme, keine, die Geschichte machen oder Literatur hervorbringen. Mit dem Alltäglichen lassen sich keine Dramen schreiben und keine Tragödien redigieren, dafür braucht es andere Stoffe, Krieg und Leidenschaft. Das kennen wir von den großen Autoren.

Virginia Woolf vermerkte in ihrem Buch, was vom Leben bleibt, wenn es sich um Haushalt und Kinder gedreht hatte, was vom Leben all jener Frauen aus der Jahrtausendealten Geschichte der Welt geblieben war: „Alle Mahlzeiten sind gekocht, die Teller und Tassen abgewaschen, die Kinder zur Schule geschickt und in die Welt hinausgezogen. Nichts von alledem bleibt. Alles ist verschwunden. Keine Biografie oder Chronik verliert ein Wort darüber. Und die Romane lügen unweigerlich, ohne es zu beabsichtigen.“[25] Jahrtausende reproduktiver Arbeit haben Frauen Schweiß und Mühe gekostet und es dennoch nicht einmal zu einer allegorischen Figur à la Sisyphos oder Atlas gebracht.

Ach, die Zigarette hatte ich ganz vergessen zu rauchen. Was ich mir dabei hatte entgehen lassen, las ich irgendwann später bei Virginia Woolf nach: „Wie schön das Leben doch schien, wie angenehm seine Genüsse, wie belanglos dieser Groll oder jener Kummer […] wenn man, sich eine gute Zigarette anzündend, in die Polster eines Sessels am Fenster sank.“[26]

---

[25] VW, S. 122.
[26] VW, S. 16.

3. Ein Erfahrungsaustausch zum sozialen Element am Arbeitsplatz und seine Auswirkung auf die Karriere von Frauen

Nach diesen schnöden Schauplätzen und banalen Alltagsgeschichten möchte ich nun endlich dorthin, wo die sogenannte produktive Arbeit, nicht die reproduktive – auch wenn mir die theoretische Grundlage dieser Unterscheidung schleierhaft bleibt – erbracht wird, sagen wir also lieber dorthin, wo das Bruttosozialprodukt, wo Kapital erwirtschaftet wird. Da ich allerdings keinen Zugang zu diesen Produktionsstätten habe, begnüge ich mich damit, Frauen aus verschiedenen Berufsfeldern einzuladen, sich mit mir zu treffen, um sich über unsere Erfahrungen, Erfolge und Misserfolge an unseren jeweiligen Arbeitsplätzen auszutauschen. Von diesem Gespräch – so mein Plan – will ich Notizen machen, die ich dann nachträglich in einen leserlichen Text bringe.

Wir verabreden uns zum Mittagessen, wieder an einem trivialen Ort, in einem Restaurant – ein uriger Italiener, der verkehrsgünstig liegt. Vielleicht aber nicht der prädestinierteste Ort ist, um sachlich und professionell zu bleiben. Doch das bemerke ich zu spät.

Wir kommen alle mit rosigen Wangen dort an, denn heute war das Wetter nicht mehr so sonnig, sondern stürmisch und regnerisch, werden jedoch sogleich von einem charmanten Kellner empfangen und zu unserem Tisch geführt. Nachdem wir uns gesetzt haben, wendet er sich jovial an uns:

– „So ein Mittagessen unter Freundinnen, das ist ja herrlich. Was darf's denn sein? Ein Aperitif? Damit ihr gleich in Stimmung kommt?"

Wir lehnen ab. Die Stimmung zwischen uns und dem Kellner kippt. Und ich muss an eine Figur aus Virginia Woolfs Buch denken, an den Schutzengel vor der Bibliothek.

„(A)ugenblicklich erschien dort (vor der Tür der Bibliothek) wie ein Schutzengel, der mit dem Geflatter einer schwarzen Robe statt weißer Flügel den Weg versperrt, abwehrend ein silberhaariger, gütiger Gentleman, der während er mich zurückscheuchte, mit leiser Stimme bedauerte, Damen seien nur in Begleitung eines Fellows des College oder mit einem Empfehlungsschreiben versehen zur Bibliothek zugelassen.“[27] War dieser Kellner auch so eine Art Schutzengel? Die riesige weiße Serviette über seinem Unterarm flatterte wie ein Flügel im Wind. Natürlich wollte er uns nicht vom Eintritt in sein Restaurant abhalten, aber – genauso wohlwollend wie Woolfs Bibliothekswächter – wäre ihm wahrscheinlich lieber, wenn sich unsere Unterhaltung mit einem Gläschen in der Hand seicht und dahinplätschernd gestaltete, als wenn sie sperrige Themen wie geschlechtsspezifische Ungleichverhältnisse am Arbeitsplatz zur Sprache brachte.

Als wir endlich den Kellner los sind, wissen wir nicht so recht, wo beginnen, mit unserem Gesprächsthema.

Ich stelle die Frauen einander vor – Anne R., Sarah K., Ella D. waren alle drei Bankerinnen, Berenice T., Rechtsanwältin in einer großen Kanzlei, Christine W., Wissenschaftlerin, Manon R., Managerin einer Werbeagentur, Eveline S., Kunsthändlerin und Gabriele A., Künstlerin, ach und ich, Autorin. Sie, wir sind einander noch fremd, und stellen unsere Differenzen geradezu klischeehaft zu Schau. Die Kleidung der Wissenschaftlerin, der Künstlerin und wahrscheinlich auch meine eigene fällt durch Nachlässigkeit auf. Während die Kunsthändlerin Luxus trägt, ihre Armbanduhr und ihr Pelzmantel müssen ein Vermögen gekostet haben, und die Restlichen farblos, aber elegant in den Hintergrund treten. Sie tragen allesamt schlichte Sakkos in dezenten Farben, die sich wohl nahtlos in die Belegschaft jedes großen Unternehmens der Finanzbranche einfügen würden. Nur die weich fallenden Blusen unterm Sakko und die Absätze ihrer Schuhe unterscheiden sie von der Arbeitskleidung männlicher white-collar Kollegen.

[27] VW, S. 11.

Wir beäugen uns also gegenseitig und wer weiß, was in unseren Köpfen vor sich geht. Die Atmosphäre ist ein wenig steif.

Ich will, dass sich die Frauen wohl und nicht wie bei einem Verhör fühlen. Ich versuche vorsichtig herausfinden, wo sich zwischen den Frauen eine gemeinsame Ebene ergeben könnte. Die ehemalige Traderin Anne. R. und die ehemalige Finanzanalystin Sarah K. haben beide in der City, dem Londoner Finanzzentrum, gearbeitet und beide arbeiten nicht mehr dort. Ich mache sie dezent darauf aufmerksam und kann beobachten, wie sie auftauen und ein Lächeln in ihrem Gesicht aufblitzt. Nach und nach bricht das Eis, beziehungsweise die etwas verfrorene Mimik der übrigen löst sich auf. Das, was zwischen uns steht, hervorgetragen etwa durch das Distinktionsmittel Kleidung, wird aus dem Weg geräumt, das Sakko über der Stuhllehne gehängt und der Pelzmantel in die Garderobe. Wir setzen uns an den Tisch (mir gegenüber Anne, daneben Eveline und Sarah, daneben Berenice, zu meiner Rechten Gabriele und zu meiner Linken Manon etc.) und Anne, eine der beiden Ex-City-Mitarbeiterinnen, fängt an zu erzählen:

– „Ich war damals die jüngste Traderin bei M. L. Ich war erst 21, als sie mich engagiert haben, hatte Schule und Studium in Rekordzeit abgeschlossen, und …“, ich beobachte, wie sie sich lässig im Stuhl zurücklehnt und augenzwinkernd sagt, „… noch ganz grün hinter den Ohren. Als einzige Frau in meiner Abteilung stand ich ganz schön unter Zugzwang, aber die Männer haben mir nie Angst gemacht, im Gegenteil. Ich habe die Herausforderung genossen. Ich war fähig, das Gleiche zu leisten wie sie und verdiente viel Geld. Und dafür habe ich hart gearbeitet. Mein Arbeitstag begann morgens um sechs und endete erst gegen zehn Uhr am Abend. Etwas anderes als Arbeit gab es in meinem Leben nicht, aber das ging ja meinen Kollegen genauso.“

– „Auch ich habe mich sehr wohl unter den vielen männlichen Kollegen gefühlt“, sagt Sarah, die auch in der City gearbeitet hatte mit nicht wenig Stolz. Oder war das schon Prahlerei? „Das war ein

Nervenkitzel! Ich war besonders stolz darauf, dass ich mehr als die meisten meiner männlichen Kollegen verdient habe."

– „Hut ab", sage ich vielleicht ein bisschen neidisch. „Und ihr meint, das Arbeitsklima unter so vielen Männern war immer völlig entspannt?"

– „Die haben Respekt vor mir gehabt", meint Anne bestimmt. Dann fragt sie in die Runde: „Aber natürlich machen Männer ab und an schlüpfrige Bemerkungen und reißen Witze, oder gibt's so was bei euch nicht?"

– „Da hör ich gar nicht hin."

– „Am besten, man lacht mit."

– „Wollt ihr 'nen Männerwitz hören?"

– „Na dann los", sage ich, frage mich allerdings, was diese so ostentativ zur Schau gestellte lässige Art hier soll? Brüsten wir uns nicht damit, wie wenig Männer uns anhaben können und wie viel wir ihnen antun können? Sind wir genau solche Gockel im Hühnerstall, wie wir es von den Männern behaupten? Und wieder erinnere ich mich an einen Textausschnitt aus Woolfs Büchlein: „All dieses Ausspielen von einem Geschlecht gegen das andere, von einer Begabung gegen die andere, diese ganze Inanspruchnahme von Überlegenheit und Zuweisung von Unterlegenheit gehört zum Privatschul-Stadium der menschlichen Existenz, [...] wo es von höchster Wichtigkeit ist, aufs Podium zu treten und [...] einen reichverzierten Pokal entgegenzunehmen." Diesmal muss ich Frau Woolf allerdings widersprechen, war es nicht genau dieser Wettkampf, mit dem uns der Arbeitsmarkt lockte, den Männer schon immer führten und in den wir uns als Frauen integrieren mussten, so auch wir daran teilnehmen wollten und uns einen Platz auf dem Jobpodest erkämpfen wollten? `Du musst nur besser sein als die anderen und schon erhältst du den Pokal`, war das subtile Versprechen, das uns von Karriereanzeigen von Unternehmensberatungen, Banken und Versicherungen entgegenlachte. Aber gut, vielleicht kann man reinen Herzens behaupten, dass sich unsere Gesellschaft im Privatschul-Stadium menschlicher Existenz befindet.

Virginia Woolf hat weiter geschrieben, dass mit zunehmender Reife Menschen nicht länger an reichverzierte Pokale glaubten. Resigniert denke ich, was kann die persönliche Reife gegen die gesellschaftliche Unreife tun? Doch da ich keine Antwort auf diese Frage finde, widme ich mich dem Witz, den uns Gabriele erzählt:

– „Kommt ein Mann in die Bücherei und sagt: ‚Ich hätte gerne das Buch *Die Überlegenheit des Mannes*. Die Verkäuferin antwortet ihm: ‚Phantasie und Utopie finden Sie im ersten Stock.'"

Da kommt der Kellner. Wir gucken uns lachend an, der kommt gerade rechtzeitig.

– „Na, da geht's ja heiter zu, wollt ihr nicht doch ein Gläschen?"

– „Nein, aber wir würden gerne bestellen."

– „Ja, bitte. Wir haben heute eine große Auswahl schmackhafter Salatkreationen", preist der Kellner seine Karte an.

– „Sie meinen wohl, wir seien alle auf Diät", sagt Ella schnippisch.

Der Kellner wechselt betreten von einem Bein auf das andere, ganz offensichtlich ist Ella ihm mit ihrer Bemerkung auf den Schlips getreten, und er beteuert, so habe er das ja nicht gemeint, sie hätten das ja alle nicht nötig… Damit tritt er noch tiefer in die Falle, denke ich, denn was geht ihn das an, ob wir es nötig hätten oder nicht. Sie schnappt leider dennoch nicht zu, die Falle, denn wohl um ihm aus seiner Verlegenheit zu helfen, geben wir zügig unsere Bestellungen auf.

Dann sage ich zu Gabriele: „Dein Witz war ja sehr artig. Sind Witze bei Männern nicht viel eher anzüglich?“

– „Findest du“, unterbricht mich Berenice, die Rechtsanwältin, ein wenig harsch oder bilde ich mir das ein: „Also, ich habe so gut wie nie anzügliche Witze von Kollegen gehört. Klar wird mal über Mitarbeiterinnen gelästert, aber genauso über Mitarbeiter. Sexistisch empfinde ich das alles nicht.“

– „Was du nicht sagst“, so Christine ungläubig zu Berenice: „Also an der Uni, an der ich arbeite, habe ich das Verhältnis zwischen Männern und Frauen nie frei von, sagen wir mal, Doppeldeutigkeit erlebt, besonders während des Studiums. Wohl weil wir damals jung und hübsch waren und sich die Profs uns gegenüber überlegen fühlten. Die Attraktivste unter uns wurde die Geliebte eines greisen Professors. Naja, wahrscheinlich war er nicht ganz so alt, aber der Altersunterschied erschien mir damals enorm. Wie konnte sie sich nur auf diesen alten Kauz einlassen? Ich hielt mir die Profs lieber auf Distanz, was mir aber jegliche Aussicht auf eine Assistenzstelle verbaute. Ich habe dann um alles im Alleingang kämpfen müssen und bin immer noch nicht Professorin.“

– „Illustrer als in meiner Branche, kann es nicht zugehen. Ich bin Kunsthändlerin, spezialisiert auf Alte Meister. Das heißt, die meisten meiner Kunden sind reiche, in die Jahre gekommene Männer. Ich muss denen tatsächlich immer wieder erklären: `Nein, ich bin nicht im Preis enthalten. Nein, ich stehe nicht zum Verkauf.` Einmal sagte ich am Telefon zu einem Kunden: `Ich rufe Sie am Nachmittag an, um den Transport des Gemäldes zu regeln.` Er antwortete: `Nein, nicht heute Nachmittag, da bin ich mit meiner Frau zusammen.` Ziemlich konsterniert habe ich mein Anliegen dann noch dreimal wiederholt, aber irgendwie ist das gar nicht bei ihm angekommen.

– „Dass denen das nicht peinlich ist“, wendet die Künstlerin ein. „Aber ich muss ja gestehen, dass auch ich die Erfahrung gemacht habe, dass Männern kaum etwas peinlich ist. Bevor ich angefangen habe, mich als freie Künstlerin durchzuschlagen, habe ich eine Zeit lang in einer Tischlerei gearbeitet. Jeder männliche Kollege hatte da ganz offen ein nacktes Pin-up-Girl im Spind hängen.“

– „Und hast du dir einen nackten Mann in deinen Spind gehängt?“ Gabriele kann nicht antworten, denn Ella, die Bankerin, fährt etwas wirsch dazwischen: „Pin-up-Girls sind ja eh harmlos. Einer meiner Mitarbeiter schaut sich Pornos während der Arbeitszeit an und alle Kollegen decken ihn.“

– „Ein Skandal! Aber warum decken ihn die anderen auch noch?“, rufen mehrere von uns.

– „Also mir ist es ziemlich egal, ob mein Mitarbeiter Pornos schaut, solange er seine Arbeit erledigt.“

Berenice führt uns unsere Sensationslust vor, denke ich. Aber ihr Einwand kann mich trotzdem nicht überzeugen. Mich berührt die Vorstellung eines Mitarbeiters, der neben mir an seinem Arbeitsplatz Pornos schaut, ziemlich unangenehm. Bevor ich allerdings etwas sagen kann, geht das Gespräch im gleichen Tempo weiter, eine Episode reiht sich an die nächste und ich muss mich bemühen, dass mir nichts entgeht.

Manon, die Werbemanagerin, erzählt jetzt: „Hört zu, was mir heute passiert ist: Einer meiner Kollegen, einer der Chefs unserer Agentur, ein Hüne von einem Mann, kam ganz aufgeregt in die Sitzung gebraust. Kaum dass wir alle saßen, rief er aus: ‚Wir müssen Frau M.’, das ist eine Assistentin bei uns, ‚sofort entlassen, aber zwingen sie mich bitte nicht, die Gründe dafür anzugeben.’ Wir platzten natürlich vor Neugierde und bedrängten ihn, bis er mit dem Grund herausrückte. Er erklärte: ‚Sie bedrängt mich sexuell.’ Ich habe mir schnell die Hand vor den Mund gehalten, damit ich nicht lauthals loslachen musste. Er ist fast zwei Meter groß und überragt sie sicher um 30 cm und er ist ihr Vorgesetzter."

– „Vielleicht hat er versucht, mit ihr zu flirten, und sie hat ihm einen Korb gegeben", schlägt Sarah vor.

– „Nein, da muss ich meinen Kollegen in Schutz nehmen, nicht jede Geschichte entspricht dem Klischee. So wie sie angezogen ist, kann ich mir schon vorstellen, dass sie aufdringlich wirkt, nur denkt man eben, dass er sich dagegen wehren können müsste."

– „Es kann ja auch durchaus knistern am Arbeitsplatz…"
Sarah will das Gespräch anscheinend unbedingt in eine andere Richtung lenken. Sie streicht sich gedankenverloren durch die Haare und ergänzt: „Ich selbst habe meinen Mann im Büro kennengelernt. Und ich war es, die ihn angemacht hat." Sie lächelt verschwörerisch in die Runde: „Ich habe einen Stift fallen lassen und zwang ihn dadurch in die Knie. Er verdiente übrigens damals deutlich weniger als ich."

– „Sehr amüsant, das Schauspiel hätte ich gerne mitangesehen: ein Mann vor dir auf den Knien", sagt Gabriele und spielt die Szene mithilfe der Papierservietten auf dem Tisch nach.
Wir schauen amüsiert ihrem Schauspiel zu. Und eine von uns fragt: „Und hat sich deine Dominanz erhalten, arbeitet ihr noch zusammen?"

– „Nein, mein Mann verdient leider inzwischen viel mehr als ich und fällt auch nicht mehr vor mir auf die Knie…"

Ich halte inne ... hm, warum ist dieses Gespräch so seicht, das ist doch ein ernstes Thema? Ist es befreiend, auf so lapidare Weise mit … Sexismus oder, was war das, wenn eine Kunsthändlerin mit ihrer Ware verwechselt wird und Professoren die Uni für einen Heiratsmarkt halten? Ich höre innerlich schon Berenices Einspruch, was denn dabei sei, wenn sich eine Studentin in ihren Professor verliebe, aber auch die anderen scheinen nicht tiefer in die Thematik einsteigen zu wollen. Ist das verpönt? Wären wir dann verbiesterte Frauen, die sowieso keinen abkriegen? Gibt es so etwas noch? Das Schreckgespenst der alten Jungfer, die am Montag vergrämt aus dem einsamen Wochenende an ihren Arbeitsplatz zurückkehrt und dann ihre KollegInnen quält? Das gibt es wohl nicht mehr, aber vielleicht spukt ja doch noch ein kleiner Rest von dieser eingebildeten Figur in unseren Köpfen herum und lugt bei dieser Gelegenheit aus seinem Versteck hervor. Müssen Frauen über Sexismus lächeln, damit sie als attraktiv gelten?

Wieder denke ich an Woolfs Buch, diesmal hilft sie mir, ein anderes Bild über das der unattraktiven Frau zu lagern. Sie selbst hat den Spieß einfach umgedreht und kurzerhand die Sexisten selbst der Hässlichkeit verdächtigt. Von Otto Weininger, Autor des Buches, *Die geistige, moralische und körperliche Unterlegenheit des weiblichen Geschlechts*, hat sie eine Karikatur angefertigt, die ihn als grobschlächtig, mit dicken Kinnbacken, sehr kleinen Äuglein und rotem Gesicht verewigt. Kurz, als einen Mann, der auf Frauen ganz und gar nicht anziehend wirkt. So stelle ich mir nun auch die lüsternen Professoren, Kunstsammler und pornobesessenen Mitarbeiter vor, aber die sexuell belästigende Mitarbeiterin bringt mich in die Bredouille: Die Welt lässt sich eben nicht einfach in böse Männer und gute Frauen, männliche Täter und weibliche Opfer einteilen.

Am Tisch sackt Sarah, wie mir scheint, ein bisschen in sich zusammen, bevor sie sagt:

– „Ich habe den Job als Finanzanalystin mittlerweile an den Nagel gehängt, den Job in der City konnte ich mir mit Kindern einfach nicht leisten, und als ich meinen ehemaligen Chef fragte, ob ich in Zukunft nicht als Freelancerin arbeiten könne, meinte er: ‚Es gibt so viele junge kompetente Frauen, die hundertprozentigen Einsatz bringen, da können Sie als Mutter nicht mithalten.‘ Der Job, den ich mittlerweile habe, liegt weit unter dem Niveau, das ich damals bereits erreicht hatte. Das ist ziemlich frustrierend, sage ich euch."

Der ganze Stolz, der sich zu Beginn des Gesprächs noch in ihren Zügen abgezeichnet hat, ist nun aus ihrem Gesicht gewichen, und wir schweigen alle einen Moment betroffen, bevor sie selbst das Gespräch wieder aufnimmt und Anne fragt: „Und du, du hast auch aufgehört in der City, oder? Und warum hast du aufgehört?"

Anne lehnt sich erst einmal gelassen im Stuhl zurück, bevor sie antwortet: „Ach, ich hatte es ein bisschen satt, ich war damals schon zehn Jahre im gleichen Job. Aber der eigentliche Anlass war, dass ich schwanger war und, so wie du feststellen musste, dass ich diese Arbeitszeiten mit Kind nicht mehr bewältigen werde können. Außerdem war es immer so fürchterlich laut im Büro. Alle schrien durcheinander und redeten ununterbrochen am Telefon. Wie das halt so ist, wenn man als Trader arbeitet, wir saßen alle in einem riesigen Saal, da konnte man sich nirgends zurückziehen. Und als ich dann hochschwanger war, konnte ich diesen Lärm nicht mehr ertragen."

– „Und vermisst du deinen Job in der City", wollen wir anderen wissen.

– „Die meisten meiner männlichen Kollegen sind ohnehin durch den massiven Leistungsdruck irgendwann verrückt geworden." Sie lässt sich nicht verunsichern und bleibt bei ihrer lässigen Art: „Nur haben die dann eben nicht die Möglichkeit, einfach auszusteigen. Daran hängen dann meist Familien, die sich an einen gewissen Lebensstandard gewöhnt haben."

Anne tut so ganz und gar unberührt. Und ich wende daraufhin, wahrscheinlich etwas besserwisserisch, ein: „Was in dem von dir geschilderten Fall als Luxusdruck bezeichnet werden könnte, ist bei Frauen im Allgemeinen Existenzdruck. Frauen sind meistens in schlecht bezahlten Jobs: sei es, weil sie Jahre für die Kinder aussetzen und dann Schwierigkeiten haben, wieder ins Berufsleben einzusteigen, sei es, weil sie Berufsfelder auswählen, die generell schlecht bezahlt sind oder von vornherein schlechtere Verträge bekommen und die auch annehmen."

– „Das solltest du trotzdem nicht verallgemeinern", sagt Anne und richtet sich auf: „Ich war weder in einem schlecht bezahlten Job, noch hatte ich irgendeinen Existenzdruck, als ich aufgehört habe."

In meinen Ohren klingt das ein wenig schroff. Wieso eigentlich? Wie ist das mit dem Existenzdruck, mit dem Geld und den Frauen? Virginia hat geschrieben: „Erst seit 48 Jahren darf Mrs. Seton – die hier als Platzhalter für Frauen im Allgemeinen fungiert – überhaupt einen Penny besitzen. All die Jahrhunderte zuvor wäre ihr Einkommen das Eigentum ihres Gatten gewesen."[28] Inzwischen ist das aber schon 135 Jahre her. Man sollte also meinen, Zeit genug, um Geld anzuhäufen. Viele Männer tun dies binnen einer Generation. Und das sollten Frauen auch können. Und tatsächlich, es gibt self-made Frauen. Manche davon haben es sogar in die Forbes-Liste der Superreichen[29] geschafft. Dort muss man sie allerdings mit der Lupe suchen. Ein Hauptkriterium für das, was man Armutsfalle nennt – sie kann wohl zuschnappen, die Armut – ist immer noch: weiblich! Entweder weiblich, jung, alleinerziehend, oder weiblich, alt, geschieden, viele Jahre für Kindererziehung beruflich ausgesetzt, oder weiblich, Kinder, verwitwet, oder weiblich, Migrantin. Mit diesen weiblichen Armen will Anne wohl nicht in einen Topf oder vielmehr in eine Falle geworfen werden. Deshalb vielleicht die schroffe Art.

---

[28] VW, S. 32.

[29] Das Magazin *Forbes* erstellt jährlich eine Rankingliste der Reichsten dieser Welt.

So ganz Wissenschaftlerin fragt Christine nun: „Warum hast du eigentlich nur Frauen aus der Mittelschicht zu diesem Gespräch eingeladen?“

Gut, dass ich mich auf diese Frage vorbereitet habe, denke ich erleichtert und antworte: „Weil ich herausfinden wollte, was Frauen, die scheinbar alle Möglichkeiten haben, weil sie etwa eine gute Ausbildung genossen haben, bremst, sich beruflich zu entfalten.“ Denke dann aber, zufriedenstellend ist diese Antwort nicht, und schaue mich unsicher in der Runde um.

– „Das Prekariat betrifft ja heute auch gut Ausgebildete“, greift mir glücklicherweise Gabriele unter die Arme: „Ich habe mich lange Zeit mit kleinen Hilfsarbeitsjobs mehr schlecht als recht über Wasser gehalten. Und die prekären Bedingungen müsstest du doch eigentlich aus eigener Erfahrung kennen. Nicht zuletzt kreative Bereiche beruhen ja häufig auf Selbstausbeutung.“

– „Und auch in materiell privilegierten Zirkeln kann man genügend Ungerechtigkeiten finden“, äußert sich nun auch die Anwältin Berenice unterstützend: „Das Verdienstgefälle zwischen Männern und Frauen ist immer noch beträchtlich. In unserem Büro verdient die bestverdienende angestellte Anwältin immer noch 15 Prozent weniger als der am schlechtesten verdienende Anwalt im gleichen Job.“

Sie ist wieder mal sehr präzise, denke ich noch, aber schon wollen die anderen wissen: „Wie kommt denn das?“

– „Oft haben die Männer bereits viel besser verdient als die Frauen, bevor sie zu uns in die Kanzlei kommen. Dem passen wir uns dann nur an. Zudem fordern Frauen es weniger ein. Sie stellen weniger Ansprüche und verhandeln in der Regel kaum die Gehaltsangebote.“

– „Und verdienst du auch weniger als deine Kollegen?“

– „Ich bin für meine Umsätze selbst zuständig, denn ich bin sehr früh, und zwar als einzige Frau, Partnerin der Kanzlei geworden. Ich weiß nicht, inwieweit es eine Rolle dabei spielte, dass ich überhaupt Partnerin wurde. Schließlich gehört es heute schon zum Renommee einer Kanzlei eine Frau im Team zu haben. Aber gut, das ist mir egal. Hinter verschlossenen Türen haben mir einige Kollegen immer wieder Beine gestellt, mir etwa wichtige Informationen vorenthalten oder sie mir nur stückweise weitergereicht.“

– „So eine Sauerei. Aber das ist doch einfach Mobbing. Das gibt es doch auch gegenüber Männern“, meint Sarah.

– „Du hast Recht. Es trifft die schwächeren Glieder der Gruppe. Egal, ob Mann oder Frau.“

– „Aber warum bist oder warst du betroffen?“

– „Meine Umsätze sind längst nicht so hoch wie die meiner männlichen Kollegen. Das macht mich angreifbar.“

– „Und das hat nichts damit zu tun, dass du eine Frau bist?“, fragt Christine nach.

– „Na ja, es ist eine ziemlich komplexe Angelegenheit.“ Ihre Antwort kommt mir hier ein bisschen drucksend vor: „Vornehmlich spielt es keine Rolle, ob ich eine Frau oder ein Mann bin, sondern eben nur meine Umsätze. Ich bemerke aber schon, dass es schwieriger für mich ist, die gleichen Umsätze zu machen.“

Der Kellner kommt, fünf Teller gleichzeitig balancierend, mit dem Essen an unseren Tisch. Und so sagt Gabriele nur schnell verschmitzt:

– „Es heißt doch treffend: Hinter jedem erfolgreichen Mann steht eine starke Frau. Hinter jeder erfolgreichen Frau stehen mindestens zwei Männer, die das verhindern wollen!“

Der Kellner überhört sie geflissentlich und scheint nun wieder gut auf uns gestimmt zu sein: „Meine Damen, la pasta buona, per belle donne. Bitte. Dreimal pasta, einmal aciughe sott’olio, zweimal polpetone, Melanzana Parmigiana. l’insalata Caprese e il pesce arriveranno.“

Ein kleines Durcheinander entsteht. Währenddessen läuft er noch einmal zurück in die Küche, um die fehlenden Speisen zu holen, bis endlich alle bedient sind.

Da sagt Sarah K.: „Kann ich bitte einen Löffel für meine Spaghetti haben?“

– „Soll ich Ihnen mal zeigen, wie eine waschechte Italienerin ihre Spaghetti isst? Dazu braucht sie nämlich keinen Löffel...“ Und er zeigt ihr galant, wie man die Spaghetti schwungvoll um die Gabel dreht.

– „Ich nehme bitte trotzdem einen Löffel.“

– „Ganz wie Sie meinen, meine Gnädige. Wollt ihr denn wirklich keinen Wein? Dai, dai! Ein Gläschen auf den Appetit!“

Der Schutzengel in ihm wollte uns wohl wieder vor uns selber schützen, denke ich angesichts seiner wohl gutgemeinten, aber tollpatschigen Penetranz.

– „Nein danke“, erwidern fast alle.

– „Na gut“, wirft Anne plötzlich ein, „Ich nehme bitte ein Glas Rotwein.“

Das Gesicht des Kellners verzieht sich, er strahlt: „La vita e bella. Sie haben Recht, das muss man genießen."

– „Genau", sagt Anne.

Die flatternde Schutzengelart des Kellners hatte es also doch so weit gebracht, eine von uns zu verführen. Nicht umsonst hieß *to flatter* im Englischen schmeicheln, denke ich. Er geht also das Weinglas holen und ich versuche unsere Konzentration, trotz des guten Essens und den Melanzani im Mund, wieder auf das Gespräch zu lenken:

– „Hätte ich eigentlich auch Männer zu diesem Austausch einladen sollen?"

– „Nein", sagt Ella sehr bestimmt. Aber nach einer kurzen Pause, die wir alle zum Essen nutzen, fügt sie an: „Ich finde es allerdings schon empörend, dass die bekannte Großbank *Hypofonds* immer noch einmal im Jahr ein Golfturnier für Banker, Unternehmensberater, Anwälte und Verwalter veranstaltet, zu dem ausschließlich Männer eingeladen sind. Und die Männer begründen dies damit, die Atmosphäre sei einfach viel lockerer…"

– „Widersprichst du dir damit nicht selbst und kritisierst indirekt, dass wir uns hier so sektiererisch unter Frauen getroffen haben", fragt Anne zwischen zwei Bissen.

– „Ob wir uns hier privat treffen oder ein offizielles Event veranstalten ist ja wohl nicht dasselbe", echauffiert sich Ella. „Und es ist auch noch einmal etwas anderes, wenn eine Großbank so ein Event für Frauen in diesen Branchen organisieren würde. Warum? Weil es einfach etwas anderes ist, wenn sich die Minderheit eines Berufszweiges unter sich trifft, als wenn sich deren Mehrheit unter Ausschluss der anderen ein Stelldichein gibt." Dann fügt sie noch an: „Das Essen ist köstlich“,– und führt sich eine weitere Gabel Pasta in den Mund.

– „Dazu muss ich euch etwas erzählen“, lenkt Berenice die Aufmerksamkeit auf sich und wirkt plötzlich viel lockerer als bisher. Ist die Pasta dafür verantwortlich? „Neulich hat mich meine Bank angerufen, um mich zu einem Event für Frauen meines Berufszweiges einzuladen. Ich fragte, wer denn da so kommen würde, da ich in dieser Zeit gerade sehr eingespannt war und mir keine sinnlosen Termine aufhalsen wollte. ‚Ja, es seien alles Frauen aus Ihrem Sektor’, bestätigte man mir. Von meinen Kollegen erfuhr ich dann aber, dass ihre Ehefrauen ebenfalls eingeladen waren, also Frauen, die selbst überhaupt nichts mit meinem Berufszweig zu tun haben, sondern zufällig mit jemandem aus meinem Berufszweig verheiratet waren. Ziemlich verärgert habe ich dann gedacht, warum ich nicht ebenso meinen Ehemann zu der Veranstaltung schicke.“

Wir lachen.

– „Und, wie war’s?“

– „Ich bin natürlich nicht hingegangen.“ Jetzt lehnt auch sie sich in ihrem Stuhl zurück und einen Moment konzentrieren wir uns nur aufs Essen.

Danach ist es die Kunsthändlerin, die den Faden wiederaufnimmt:

„Ich habe viele solche Erlebnisse mit Kunstsammlern. Bei Einladungen setzen die mich regelmäßig neben ihre Ehefrauen, die mir dann etwa in aller Ausführlichkeit erzählen, wie sie ihren Mann bedrängen mussten, damit er ihnen endlich die neue Schmuckkreation von Van C. & A. kauft, während ihr Mann mit anderen Männern über seinen jüngsten Bilderkauf spricht, und ich zerknirscht die Zähne zusammenbeiße.“

– „Und du interessierst dich etwa nicht für ihren Schmuck“, fragt Ella provozierend, um selbst noch eine dieser Episoden nachzuschieben, von denen es anscheinend jede Menge gibt: „Eine erfolgreiche, befreundete Anwältin arbeitet für eine Großkanzlei, die ab und zu einen Cognac-Abend für ihre besten Kunden veranstaltet. Allerdings sind nur die männlichen Mitarbeiter dazu eingeladen, worüber sie sich beschwert. Daraufhin haben ihre Chefs sie tatsächlich zum nächsten Abend eingeladen. Als sie dort ankommt, muss sie feststellen, dass sie gar nicht die einzige Frau war, was allein schon unangenehm genug hätte sein können. Nein, außer ihr waren da noch lauter Hostessen, die in kurzen Miniröcken Cognac und kleine Amuse-Bouches herumreichten.“

– „Und was hat sie dort gemacht?“

– „Das war ihr erster und letzter Cognac-Abend.“

– „Sehr hart gesotten scheint deine Freundin aber nicht zu sein“, meint Anne.

– „Wer weiß, ob sie nicht einer der Anwesenden gefragt hat, warum sie denn keinen Minirock tragen würde, so wie die Hostessen. Könnte ich mir gut vorstellen.“

Und Sarah sagt verständnisvoll: „Ich kann mir auch denken, dass dieser Abend sehr unangenehm verlaufen ist: Nur leider hat ihr Rückzieher dazu geführt, dass ihr bestimmte Kunden unzugänglich bleiben werden.“

– „Genau. Das nennt man ‚An-die-gläserne-Decke-stoßen‘“, sagt Gabriele.

– „Die Geschichte ist natürlich ein Skandal, aber jetzt will ich mal das Enfant terrible dieser Unterhaltung spielen“, wendet Manon, die Werbemanagerin, ein und fragt in die Runde: „Lassen sich

Ausgrenzungen denn überhaupt so vollkommen ausmerzen? Dabei geht es ja auch um Interessensgemeinschaften. Das Golfturnier etwa schließt ja nicht nur Frauen, sondern auch Nichtgolfer aus. Und ich hole mir auch nur Mitarbeiterinnen und Mitarbeiter in mein Team, die mir ähnlich sind, sozial, moralisch, kulturell und so weiter. Und ich muss sagen, dass es absolut wesentlich für den Erfolg der Agentur ist, dass das Team gut zusammenpasst."

– „Bevorteilst du dann Frauen? Oder Golfspielerinnen?"

Lachend antwortet sie: „Keine Ahnung, ob eine meiner Mitarbeiterinnen Golf spielt. Aber ich hab' tatsächlich fast nur Frauen in meinem Team. Aber gut, bei Themen wie Kommunikation ist das auch ein Klassiker. In der Produktion und im Vertrieb sieht das anders aus und außerdem sind die Chefs allesamt Männer. Naja, bei der Auswahl der Chefs habe ich zum Beispiel auch kein Wörtchen mitzureden..."

– „Habt ihr mal die Erfahrung gemacht, euch von den Gesprächsthemen eurer männlichen Kollegen ausgeschlossen zu fühlen", fragt Christine.

– „Ich habe lange im Kulturressort einer Wochenzeitung gearbeitet. Außer mir waren alle Redakteure Männer. Und das hat sich auch in den Gesprächsthemen niedergeschlagen. Beim Mittagessen wurde fast ausschließlich über Fußball gesprochen. Nach Jahren fragte mal ein Kollege, warum ich beim Mittagessen immer so schweigsam sei. Ganz einfach: Ich hatte einfach keine Ahnung von Fußball."

– „In meinem Büro interessiert sich kein Mann für Fußball", reagiert Berenice kühl.

– „Aber dafür für Golf, oder", meint Sarah und stupst Berenice sanft an.

– „Du hast Recht, wenn Kollegen etwas miteinander besprechen wollen, verabreden sie sich gerne zum Golfen. Das könnten Frauen theoretisch genauso gut. Das Problem ist nur, dass die meisten Frauen die Doppelbelastung von Kindern und Beruf auf ihren Schultern tragen und daher nicht in solche zeitaufwendigen Hobbies wie Golf investieren können. Gesprächsthema ist Golf aber nicht. Es ist nur ein Mittel zum Zweck."

– „Ist es also nur ein Zeitproblem, wenn Frauen nicht mit Golf spielen gehen und nicht eines von unterschiedlichen Interessengruppen?"

– „Nein, es ist natürlich nicht nur ein Zeitproblem, aber es wäre auch zu pauschal gesagt, Golf als Ausgrenzungsmittel für Frauen darzustellen."

– „Und es ist auch nicht so, dass Männer mit Männern und Frauen mit Frauen mehr Themen teilen", schiebt Eveline nach: „Ich fühle mich völlig fehl am Platz, wenn ich statt mit Kunstsammlern mit deren Ehefrauen über deren Hermestaschen in allen möglichen Größen sprechen muss."

Ich höre der detaillierten Schilderung der Kunsthändlerin nicht mehr weiter zu, denn während sie gestikulierend erzählt, sehe ich aus den Augenwinkeln, dass der Kellner trällernd mit dem Weinglas an unseren Tisch kommt und das Glas galant vor Anne R. hinstellen will. Doch just in diesem Augenblick breitet Eveline ihre Arme zu einer ausholenden Geste aus, um die Größe der Hermestaschen der Ehefrauen der Sammler zu demonstrieren, und schon ist es passiert. Das Weinglas in der Hand des Kellners und die Hand von Eveline S. stoßen in der Luft zusammen. Der Rotwein landet auf der Tischdecke und auf Annes weißer Bluse…

– „Können Sie nicht aufpassen", entfährt es Anne zornig.

Der Kellner wirft seinerseits schnell einen wütenden Blick auf Eveline, die Kunsthändlerin, und dann schaut er versöhnlich grinsend zu Anne und sagt schmeichelnd: „Entschuldigen Sie, meine Dame."

Anne lächelt nicht. So geht er lieber schnell einen Lappen holen, eine neue Tischdecke und natürlich ein neues Weinglas, um das Malheur zu bereinigen. Wir streuen Salz auf Annes befleckte weiße Bluse, so empfiehlt es doch dieses alte ‚Hausfrauenrezept', wenn man vermeiden möchte, dass sich Rotweinflecken auf hellem Stoff verewigen.

Da ist der Kellner auch schon wieder zurück: Er rettet, was von Tisch, Tischdecke und Bluse zu retten ist und verkündet, ganz schutzengelhaft: „Ich lade Sie alle auf eine Runde auf's Haus ein!"

Die meisten von uns lehnen dankend ab, aber ein paar von uns überredet er dann doch: die Kunsthändlerin, die Wissenschaftlerin und die Künstlerin. Selbst ich zögere, abzulehnen, denn was soll's, schließlich lugte auch hier wieder das verbiesterte Bild der Spaßverderberin, die sich nicht einmal ein Glas Wein gönnte, hinter der Ecke hervor. Virginia Woolf, die selbst Gast einer Mittagsgesellschaft gewesen war, hatte geschrieben, dass der Genuss des Weines „nicht jenes harte, kleine elektrische Licht, das wir Brillanz nennen, wenn es über unsere Lippen aufscheint, entzündet [...] sondern das tiefgründigere, feinere und unterschwelligere Glühen, das die leuchtend gelbe Flamme des gepflegten gesellschaftlichen Umgangs ist. Kein Grund zur Eile. Kein Grund zu glänzen, kein Grund ein anderer zu sein als man selbst. Wir kommen alle in den Himmel und van Dyck ist mit von der Partie."[30] Na gut, Virginia Woolf! Van Dyck ist uns ziemlich egal.

Und in die Runde frage ich: „Warum ist dieser Kellner eigentlich so erpicht darauf, uns Alkohol einzuflößen?"

---

[30] VW, S. 16.

– „…weil wir dann gefügig werden“, sagt Sarah lächelnd und dann, etwas versöhnlicher: „Naja, er will wohl, dass wir uns wohlfühlen.“

– „Tja, wenn wir als Frauen einem Kollegen vorschlagen, mal ein Glas trinken zu gehen, dann klingt das in dessen Ohren tatsächlich schnell nach einem Date.“

– „Und wenn uns ein Kollege einlädt, auf ein Glas Wein zu gehen, dann sollten wir uns darauf gefasst machen, dass es ein Date ist!“

– „Bis zu unserem 35. Geburtstag!“

– „Und was ist es, wenn Kollegen miteinander einen trinken gehen?“

– „Dann träumen sie vom Geldsegen, aber das sind natürlich alles platte Verallgemeinerungen“, sagt Gabriele, „Natürlich sind wir alle schon mit Kollegen etwas trinken gegangen und keiner der Anwesenden hat weder an ein romantisches Stelldichein noch an materielle Gewinne gedacht.“

– Eveline, anscheinend hatte sie sich von dem Schock, das Weinmalheur mit ausgelöst zu haben, erholt, meint: „Du hast Recht. Dennoch muss ich leider immer wieder feststellen, dass Frauen oft nicht als Businesspartnerinnen ernst genommen werden. Wenn ich auf einer Kunstmesse im Galerienstand stehe, passiert es mir regelmäßig, dass mich Leute ansprechen, wo sie denn den Galeristen finden können, um mehr über die Bilder zu erfahren. Ich denke mir dann: Ja, ich stehe hier nur zur Dekoration herum.“

Wir schmunzeln. Und ich denke mir, dass sie tatsächlich sehr dekorativ aussieht…

– „Ich finde das dann gar nicht zum Lachen“, unterbricht Eveline meinen Gedanken.

Der Kellner kommt mit den von ihm spendierten Gläsern Rotwein zu uns an den Tisch. Diesmal vorsichtig darauf bedacht, kein Glas umzukippen und noch einmal schmeichelnd und flatternd in die Runde blickend. Mich machte dieser Kellner-Schutzengel inzwischen so nervös und zappelig, dass ich anfange, auf die neue Papiertischdecke zu zeichnen, ganz so wie es seinerzeit Virginia Woolf auf ihrem Notizblock in der Bibliothek getan hat. Währenddessen stoßen die vier, die mit einem Glas versorgt worden sind, sprich Anne, Eveline, Christine und Gabriele, aufeinander und auf Frauen im Allgemeinen an und die anderen nehmen, inspiriert von den Ereignissen, das Gespräch wieder auf.

– „Neulich war ich auf einer professionellen Networking-Veranstaltung“, macht Manon den Anfang, „Ich dachte, mit einem Gläschen Prosecco in der Hand würde es doch sicher viel leichter sein, mit meinen Kollegen ins Gespräch zu kommen und so scherzte ich mit dem Glas in der Hand locker über dieses und jenes, bis ein weiterer männlicher Kollege zu uns stieß. Und ich konnte es kaum fassen, binnen fünf Minuten bekräftigten die beiden sich gegenseitig: ‚Wir müssen unbedingt zusammenarbeiten und uns in Zukunft gegenseitig Aufträge zuschieben.‘ Was hatte ich nur mit meinem Prosecco in der Hand verschlafen?“

– „Das nächste Mal solltest du dir vielleicht etwas von deinem Kollegen abschauen“, sagt Ella.

– „Meint ihr nicht auch, dass Frauen häufig gar nicht den Willen zeigen, Erfolg haben zu wollen? Dass sie lieber gefallen wollen und nur halbherzig bei der Sache sind? Wenn ich sehe, wie meine männlichen Künstlerkollegen agieren, werde ich neidisch, tue aber dennoch nicht, was die tun. Irgendwie bin ich mir dafür zu gut, ständig die Galeristen und Kuratoren mit meinen Projekten zu belästigen."

– „Ja, vielleicht sollten wir es mal mit einem forscheren, aggressiveren Kommunikationsstil versuchen", sagt Sarah, „Als mir einmal ein Fehler unterlaufen ist, hat mir ein männlicher Kollege geraten: ‚Genau in diesem Moment musst du eine Gehaltserhöhung fordern, denn unter schlechten Arbeitsbedingungen passieren halt Fehler.'"

– „Guter Tipp, das werde ich mir merken", schiebt Ella ein.

Ein bisschen schüchtern sage ich: „Ich muss leider reumütig bestätigen, nicht immer den Willen zum Erfolg gezeigt zu haben. Ich war zwar nur eine unbedeutende Mitarbeiterin bei der Zeitung, aber ich hätte meine Position ausbauen können. Warum bin ich nie zu den Redaktionssitzungen gegangen? Ich hatte den Eindruck, die Themen gehen an meinen Interessen vorbei. Warum habe ich meine Themen nicht durchgesetzt? Mir schien, es war ein männerbündlerischer Haufen, aber die Herren Kollegen hätten überhaupt nicht verstanden, wie ich denn darauf gekommen war. Schließlich war es eine liberale, gesellschaftskritische Zeitung."

Ella widerspricht mir jetzt heftig: „Das würde ich nun aber doch nicht auf alle Frauen übertragen und generalisieren wollen. Ich selbst beispielsweise habe mich immer sehr deutlich aus dem Fenster gelehnt, aber das hat trotzdem nichts geholfen. Vor ein paar Jahren, als ich noch Direktorin bei einer anderen Bank war, habe ich bei einem Zielvorstellungsgespräch zu meinem Vorgesetzten gesagt: Ich will gerne in den Vorstand. Und er antwortete mir: ‚Das kann ich bei meinen Kollegen nicht durchsetzen, die haben alle eine Frau zu Hause.' Sprich, sie wollen keine auf Augenhöhe im Büro."

– „Und was hast du daraufhin gesagt?"

– „Nicht mehr viel, ich habe sehr bald den Arbeitgeber gewechselt.“

– „Bravo.“

– „Auch ich finde nun wirklich, dass ich mich immer und überall hinein- und herausgehängt habe“, meint nun auch Christine, „Ich habe eine erstklassige Publikationsliste, bin in zahlreichen Gremien vertreten, bewerbe mich auf alle ausgeschriebenen Stellen in meinem Feld und dennoch habe ich immer noch nicht die angestrebte Professur.“

– „Und woran liegt das, glaubst du?“

– „Ich glaube, in meinen Fall liegt es hauptsächlich daran, dass ich inhaltlich nicht angepasst genug bin. In der Politikwissenschaft muss man sich mit nationalen, komparatistischen Themen befassen, um institutionell Erfolg zu haben. Sobald man von den Schemathemen abweicht, wird man dafür bestraft und das besonders als Frau, würde ich behaupten.“

– „Das finde ich interessant“, sage ich, „Habt ihr den Eindruck, dass man sich als Frau stärker anpassen muss, wenn man Karriere machen will? Interessanterweise sind heute Frauen ja auch oder gerade in Feldern erfolgreich, die ideologisch gesehen ganz offensichtlich frauenfeindlich sind. In rechten Parteien etwa scheinen sich Frauen pudelwohl zu fühlen, obwohl deren Ideologie sie wieder an den Herd zurückschicken will. Die Anpassung an die Machowelt wird quasi belohnt.“

Diese Aussage provoziert Anne, die, seitdem der Rotweinfleck auf ihrer Bluse prangt, sehr still ist, und bringt sie dazu, sich wieder ins Gespräch einzuklinken: „Anpassen müssen sich, glaube ich, alle, Männer und Frauen. Frauen haben sich da in der Vergangenheit ja auch ganz schön vor der Verantwortung drücken können. Sie haben etwa nie Krieg geführt, und behaupten dann scheinheilig, sie seien das friedfertigere Geschlecht, weil sie im Hinterstübchen saßen und gestickt haben. Das ist kein Verdienst."

Ich muss ihr ja Recht geben, aber es wurmt mich, wie sie damit dem Thema ausgewichen ist und sage daher: „Du hast ja Recht damit, dass Frauen, sich auch vor Verantwortung drücken konnten, aber ist es denn noch im Sinne von Frauen, wenn sie etwa zu Produzentinnen sexistischer Werbung werden oder Gesetze verabschieden, die Berufstätigkeit von Müttern erschwert?"

Etwas bockig, sie fühlt sich wohl kritisiert, erwidert Anne: „Man muss ja nicht immer für Frauen im Allgemeinen etwas tun. Manchmal geht es doch nur um den eigenen Egoismus. Karriere ist schließlich keine Frage der Solidarität. Im Gegenteil."

Und so entspinnt sich ein Schlagabtausch zwischen uns. Ich lege nach: „Und dabei seelenruhig einer rechtspopulistischen Partei als Lockvogel dienen, um diese Parteien auch für Frauen wählbar zu machen?"

– „So blöd muss man ja nicht sein, um sich durch so eine Frau repräsentiert zu fühlen."

– „Naja, das finde ich jetzt sehr problematisch, denn ist es wirklich in deinem eigenen Sinne, wenn sich die Situation von Frauen nicht allgemein verbessert?"

– „Und du glaubst, du setzt dich mehr für Frauen ein, als, sagen wir mal, die Parteichefin der Rechtsaußen-Partei?"

An diesem Punkt, war ich ziemlich gereizt und hätte sich nicht Christine in die Diskussion eingeklinkt, hätte ich vielleicht angefangen, Anne mit irgendetwas zu bewerfen, schließlich saß sie zufälligerweise direkt mir gegenüber. Doch Christines Unterstützung beruhigt mich.

– „Auch ich finde es wichtig, auf Solidarität Wert zu legen. Frauen, die anderen Frauen helfen, gibt's immer noch viel zu wenig. Und das wendet sich dann irgendwann auch gegen die Alibi-Powerfrauen. Mir haben gerade Frauen oft das Leben schwer gemacht, einmal sogar eine Frauenbeauftragte an der Uni."

– „Da kann man nur Madeleine Albrights Credo zitieren: ‚Es gibt einen speziellen Platz in der Hölle für Frauen, die anderen Frauen nicht helfen'", sagt Gabriele.

– „Ich habe den Eindruck, dass ihr hier zwei Themen miteinander vermengt, die nicht unbedingt etwas miteinander zu tun haben: beruflicher Erfolg von Frauen auf der einen Seite und Frauensolidarität auf der anderen", wendet Anne ein.

Ich gehe wieder in die Diskussion mit ihr: „Kann man das wirklich so scharf voneinander trennen? In meinen Ohren klingt das ja geradezu nach einer Aufforderung, gegenüber anderen Frauen bloß nicht solidarisch zu sein, wenn sie Erfolg haben wollen, weil die Einzelne eher belohnt werden würde. Das geht langfristig aber sicher nach hinten los."

– „Ich denke hinter deiner Äußerung steckt das alte Problem des Feminismus, dass er Gleichstellung und Weltverbesserung miteinander vermischt. Mädels, ihr müsst euch entscheiden: Wollt ihr in dieser Welt Erfolg, oder ein reines Gewissen haben und marginalisiert sein?"

– „Naja, in den 1970er Jahren waren es zwei Strömungen des Feminismus, die liberalen und die radikalen Feministinnen, die einander bekämpft haben. Der liberale Feminismus wurde später dann auch Powerfeminismus genannt und der radikale Feminismus ist daraufhin ein bisschen ins Abseits gerutscht“, klärt uns Christine auf.

Ich schließe mich Christine an: „Ganz abgesehen, von solchen ideologischen Strömungen, ist der Alleingang von Frauen aber auch strategisch gar nicht sinnvoll. Kurzfristig erzielt das vielleicht Erfolge, aber langfristig stellen einem die enttäuschten Konkurrentinnen mit Sicherheit ein Bein.“

– „Das muss man differenzierter betrachten. In diesen Belangen kann man sich als Frau einiges bei unseren männlichen Kollegen abschauen. Denn denen fällt es meist nicht schwer, zwischen Momenten zu unterscheiden, in denen Loyalität angebracht ist und solchen, wo es um Wettkampf geht“, Anne lässt nicht locker.

– „Um dann Alibifrau zu werden“, fragt jetzt auch Ella trotzig und meint weiter: „Eine Kollegin hat sich kürzlich mit ihrem Wunscharbeitgeber zum Mittagessen getroffen. Auf ihre Frage, ob sie nicht für ihn arbeiten könne, sagt er doch glatt: So ein Pech aber auch, dass sie ihn nicht einige Wochen zuvor kontaktiert habe, denn jetzt habe er gerade eine Frau angestellt.“

– „Es wäre vielleicht angebracht, Albrights Diktum abzuwandeln: ‚Es gibt einen speziellen Platz in der Hölle für Männer, die Frauen nicht helfen’“, wirft Manon ein.

– „Tja, aber wie es Albrights Satz schon andeutet, Frauen sind eben nicht bessere Kolleginnen als Männer“, gibt Anne nicht auf.

– „Sie sollen aber immer härter dafür bestraft werden, denn nicht umsonst spricht der Satz von Frauen, die in die Hölle kommen sollen und nicht von Männern“, sagt Christine.

– „Ich glaube schon, dass Frauen besser sind als Männer", provoziert uns nun Gabriele.

– „Das ist doch nicht dein Ernst", das war natürlich Anne. Aber sie grinst dabei.

– „Und was haltet ihr von der Quote?", schneidet Christine da ein wichtiges Thema an, dass wir bisher aus irgendeinem Grund umgangen sind. „Wahrscheinlich aus Unmut", mutmaße ich und werde auch sogleich darin bestätigt, denn Anne sagt:

– „Ach, kommt mir nicht damit."

Und auch Sarah reagiert abwehrend.

Ich habe diese vehemente Abwehr gegen die Quote nie verstanden und sage: „Ich wäre gerne Quotenfrau."

Die anderen schweigen. Nach einer ernsthaften Quotendiskussion steht uns wohl momentan nicht der Sinn. Da kommt der Kellner an unseren Tisch und ich empfinde diese Unterbrechung zum ersten Mal als angenehm. Es hatte sich einiges an Anspannung zwischen uns und vor allem zwischen Anne und mir aufgebaut und wer weiß, ob wir nicht angefangen hätten, uns zu streiten, wenn unser Schutzengel nicht aufgetaucht wäre? Er räumt unsere Teller ab, und ich schiebe schnell meine Hand über meine Tischkritzelei, damit er nicht sieht, was ich da gezeichnet habe. Schließlich fragt er freundlich, ob wir denn gerne einen Kaffee hätten.

Berenice bestellt einen Cappuccino und das Gesicht des Kellners verzieht sich zu einer Grimasse:

– „Cappuccino! Das könnt ihr einem armen Italiener doch nicht antun: Nach dem Essen Milch auf den Magen. Das tut weh… Espresso, E–S-P-R-E-S-S-O trinkt man nach dem Essen."

Gegen das Wort eines Mannes, der aus dem Land der gepflegten Kaffeekultur kommt, können wir nichts einwenden und so bestellen wir fast alle Espresso.

Nur Berenice bleibt störrisch: „Mir schmeckt der Cappuccino eben."

Schließlich lässt sie sich dann aber von unserem Fachmann zu einem Marocchino überreden, ein guter Kompromiss: ein Espresso mit einer kleinen Milchschaumkrone. Ein Kompromiss, denke ich.

Wie viele Kompromisse, wie viele faule Kompromisse gehen wir alle ein? Kompromiss hatte schließlich den gleichen Wortstamm wie kompromittieren, bloßstellen, in Verlegenheit bringen. Welche Ideale muss man bloßstellen, um erfolgreich zu sein? War Karriere ein feministisches Ziel oder ein Kompromiss, in dem harten Wettkampf auf dem Arbeitsmarkt bestmöglich zu überleben? Hinter dem Seilziehen zwischen Powerfeminismus und radikalem Feminismus verbirgt sich der unter den Teppich gekehrte Widerspruch aller frauenpolitischen Agenden der westlichen liberalen Demokratien, dass nämlich die Teilnahme an einem System dieses System nicht automatisch gerechter macht.

Wie viele Kompromisse ist Virginia Woolf eingegangen? Ist die Forderung nach 500 Pfund Sterling im Jahr und einem Arbeitszimmer für sich allein genommen nicht bereits ein Kompromiss gewesen? Ganz offensichtlich, wie sie es selbst am Anfang ihres Büchleins darlegt. Aber nicht nur ein Kompromiss, sie war eine Tarnung, denn dass schreibende Frauen auch radikale und unbequeme Dinge schreiben würden können, ließ sie damit bewusst außen vor.

Ein bisschen ermattet warten wir auf unseren Kaffee und nehmen das Gespräch erst wieder auf, als wir alle unsere kleinen Tassen vor uns stehen haben.

Gestärkt sagt Manon, die Werbemanagerin, nach dem ersten Schluck schließlich: „Ich würde jetzt gerne noch mal auf ein anderes Thema zu sprechen kommen. In unserer Agentur häufen sich gerade die Schwangerschaftsfälle. Und in einer Dependance unserer Agentur betrifft das ausgerechnet beide der dort arbeitenden Kolleginnen gleichzeitig. Das Büro ist damit unbesetzt, kostet aber dennoch. Es steht daher derzeit zur Debatte, es ganz zu schließen. Ich fühle mich schlecht dabei, schließlich habe ich die beiden Kolleginnen von der Konkurrenz abgeworben. Meine Kollegen sehen das anders. Der eine meinte, die beiden Kolleginnen würden uns ja jetzt auch vollständig hängen lassen, und ein anderer setzte sogar noch eins drauf, nur die eine habe es mutwillig gemacht, der anderen sei es einfach passiert."

Wir lachen.

– „Und dennoch ist der Ärger meiner Kollegen nicht ganz vom Tisch zu wischen: Aus der Schwangerschaftspause kommen die meisten Frauen mit Teilzeitvorstellungen zurück."

– „Und alle wollen sie von neun bis dreizehn Uhr arbeiten, damit sie nachmittags bei den Kindern sein können, stimmt's", wirft Berenice ein.

– „Genau. Ein Betrieb kann eben nicht nur vormittags funktionieren", bestätigt sie Manon.

– „Ich stehe da zwischen den Stühlen: Einerseits sehe ich die wirtschaftlichen Anforderungen, andererseits versuche ich meine Kolleginnen vor dem Ärger meiner Kollegen zu verteidigen."

– „Verteidigen?"

– „Naja, mein besagter Kollege meinte in der Sitzung etwa: ‚Da müssen wir ein Zeichen setzen. Ich bin dafür, alle Teilzeitkräfte zu dritt in Zweierzimmer zu setzen'", erzählt Manon.

– „Das ist ja dreist. Und was hast du darauf hin gesagt“, fragt Gabriele.

– „Ich habe nur gesagt: `Ist Ihnen aufgefallen, dass die Hälfte unserer Büros leer stehen, und Sie schlagen vor, die Kolleginnen zu dritt in ein Zweierzimmer zu pferchen, obwohl andere Büros leer stehen?`“

– „Und was hat Ihr Kollege darauf gesagt?“

– „Er hat mich angeschwiegen.“

– „Ich denke, das Problem ist, dass immer noch nur die Mitarbeiterinnen von neun bis dreizehn Uhr arbeiten wollen, nicht die Mitarbeiter. Und das schürt den Geschlechterkonflikt“, sagt Christine.

– „Eine Umfrage hat ergeben, dass die meisten Manager immer noch nicht eine Bewerberin einstellen würden, wenn sie wüssten, dass diese binnen der ersten sechs Monate nach der Anstellung schwanger werden würde. Und zwar, weil immer noch erwartet wird, dass Frauen den Großteil der Kinderbetreuung übernehmen.“

– „Das heißt, es müssen einfach mehr Männer in Elternzeit gehen und Kinderbetreuung übernehmen, damit die Ausfallzeit bei Schwangerschaft nicht immer mit Frauen assoziiert wird.“

– „Ja, dann könnte nämlich auch jeder Mann im besten Alter potentiell ‚schwanger‘ werden.“ Das hat Gabriele A. schön formuliert.

– „Oh je, als mir neulich eine junge Mitarbeiterin eröffnete, dass sie schwanger sei, habe ich ausgerufen: ‚Schon wieder!‘ Es ist ihr drittes Kind. Tja, da komme ich wohl in die Hölle“, fällt da der Bankerin Ella D. ein.

– „Allerdings!“, sagt Christine und wir lachen.

– „Was brauchen wir also, um das Verhältnis von Frauen und Männern am Arbeitsplatz zu verändern“, frage ich und denke dabei noch einmal an die Forderung von Virginia Woolf: 500 Pfund und ein Zimmer für uns allein. Doch wir können diese Frage nicht mehr debattieren. Leider müssen die meisten von uns jetzt aufbrechen. Berenice J. zu einem Gerichtstermin, Ella D. zu einer Sitzung, Manon R. zu einem Kunden und Evelin S. zu einer Kunstauktion. Wir verabschieden uns und vergessen darüber meine letzte Frage.

Zurück bleiben die beiden ehemaligen Mitarbeiterinnen der City, die Künstlerin, die Wissenschaftlerin und ich.

– „Haben wir da jetzt eigentlich nur Klischees über das Verhältnis von Männern und Frauen am Arbeitsplatz wiedergegeben“, fragt Christine.

– „Man kann das auch anders formulieren“, sagt Gabriele A., „Ich würde eher sagen, verblüffend, wie klischeehaft das Geschlechterverhältnis im Arbeitsalltag doch immer noch ist...“

– „Naja, aber ich finde auch wichtig, noch mal herauszustellen, dass wir darin Mittäterinnen sind. Was hast du da eigentlich gezeichnet“, fragt Anne.

Ich schiebe meine Hand von meiner Kritzelei, eine besonders gute Zeichnerin bin ich nie gewesen, aber man kann schemenhaft die Figur des Kellners, der einer Dame ein Glas Wein ins tiefe Dekolleté kippt, erkennen. Wir lachen, und die Frauen gucken mich verdutzt an.

– „Das ist ja pure Männerphantasie und dazu noch von einer Frau gezeichnet“, ruft Gabriele aus.

Anne sagt ein bisschen pikiert: „Du hast ja wohl nicht mich mit dem tiefen Dekolletee gemeint.“

Und Christine meint: „Du musst nur noch Erguss darunter schreiben und das Ganze ist wirklich anzüglich.“

– „Als Frau kann man sich schließlich auch nicht von den dominanten Bildern in der Gesellschaft lösen, rechtfertige ich mich, die spuken doch in allen unseren Köpfen herum.“ Reumütig denke ich gleichzeitig, ich hätte die Szene umkehren sollen. Ließe sich diese aber überhaupt umkehren? Wenn sie ihm das Weinglas über das weiße Hemd und in den Ausschnitt schüttet, wäre das einfach eine tollpatschige Kellnerin gewesen. Er dagegen war in der Zeichnung eindeutig ein lüsterner Anbiederer.

– „Wie ist das eigentlich mit dem Verhältnis von Erfolg und Attraktivität bei Frauen“, fragt Christine.

– „Männer sind sich sicher, dass, wenn nur ihr Geldbeutel dick genug ist, auch ihre Attraktivität gesichert sei“, sagt Sarah K.

– „Ja, und es klappt ja meistens auch. Das ist sehr viel komplexer für Frauen. Ich bin fast geneigt zu fragen, wie ich trotz Erfolg im Beruf noch attraktiv bleiben kann“, meint Christine

– „Das ist jetzt aber sehr kompliziert gedacht. Du meinst auch, wenn Margaret Thatcher eine Schönheit gewesen wäre, hätte man sie für unattraktiv gehalten?“

– „Sie wäre gar nicht erst Margaret Thatcher geworden.“

– „Aber so trifft das ja nun auch wieder nicht zu, schließlich gibt es genauso prominente erfolgreiche Frauen mit jungen Ehemännern wie erfolgreiche Männer mit jungen Ehefrauen. Und das kann ja wohl als Zeichen für Attraktivität gelten. Vivienne Westwood etwa war mit einem dreißig Jahre jüngeren Ehemann verheiratet, aber da kann man ja noch viele andere anführen“, wendet Gabriele A. ein.

– „Ich erinnere mich an eine erfolgreiche Philosophin, deren Namen ich hier jetzt nicht nennen möchte. Die hat es sehr geschickt eingefädelt in ihrem Leben. Als sie jung war, ist sie eine Liaison mit einem sehr berühmten Philosophen eingegangen, mit dem sie dann gemeinsam ein Buch veröffentlichte, das sie auf einen Schlag bekannt machte. Jetzt als ältere Dame reist sie mit blutjungen Assistenten zu ihren Konferenzen. Ich sage euch, wir haben uns die Münder darüber zerrissen, hätten sie aber lieber nachahmen sollen.“

– „Die meisten Männer würden sagen, dass so ein junger Lover zumindest einen starken Ödipuskomplex hat, aber eigentlich nicht richtig tickt“, kommentiert Sarah.

– „Stimmt leider. Es gibt immer noch andere Maßstäbe für Frauen als für Männer. Das Aussehen erfolgreicher Frauen wird etwa ständig kommentiert. Ich kann mich erinnern, dass jedes Mal, wenn Margaret Thatcher im Fernseher zu sehen war, alle um mich herum sagten, was sie doch für ein herbes eiskaltes Gesicht habe, die eiserne Lady. Da war ich noch ein Kind und ich erinnere mich dennoch genau daran.“

– Christine berichtet: „Neulich habe ich online ein Interview mit der Grünen-Politikerin Kai Wargalla gelesen, unter dem sich doch tatsächlich folgender Leserkommentar fand: `Warum besorgt sich die grüne Dame nicht mal einen netten Boyfriend und geht mal zu einem guten Friseur?` Damit würde sie der Welt einen Gefallen tun, denn es gebe auch optische Umweltverschmutzung.“

– „Ich muss gestehen, dieser Kommentar zieht sogar mir die Schuhe aus. Ab in die Hölle mit dem Kerl!“ Selbst Anne R. kann hier also nicht mehr mit.

Allgemeine Zustimmung.

– „Bei Männern kommentiert man ihr Aussehen dagegen höchstens dann, wenn sie besonders gut aussehen, à la George Clooney. Ein Politiker muss keinen Schönheitswettbewerb gewinnen, eine Politikerin schon...“

– „Wie muss sich das denn für jemanden wie George Clooney anfühlen, so offensichtlich weibliche Begierde auf sich zu ziehen?“

– „Schade, dass wir ihn nicht fragen können.“

– „Na ja. Haut muss er dafür wenig zeigen, leider“, sagt Sarah K. augenzwinkernd.

Wir schmunzeln und nun müssen auch wir Verbliebenen gehen, um unseren Pflichten nachzukommen. Wir haben den halben Nachmittag verplaudert. Wir winken also den Kellner heran, um die restliche Rechnung zu begleichen. Nachdem wir gezahlt haben und uns aufmachen zu gehen, sagt der Kellner augenzwinkernd:

– „Schade, dass ihr schon gehen müsst. Ihr ward eine nette Runde.“ Und dann nach einem Blick auf seine Uhr: „Ach ja, die Schule ist gleich aus. Die Kinder kommen nach Hause.“

– „Das wissen sie besser als ich. Ich habe keine Kinder“, sagt die Künstlerin Gabrielle A. schnippisch.

Der Schutzengel Kellner duckt sich ein wenig, ob dieser erneuten Salve und fängt an, die restlichen Gläser abzuräumen. Dabei sieht er meine Karikatur. Er schaut auf, unsere Blicke begegnen sich, ich versuche zu lächeln, und sage „Das ist ein Scherz!“

Da versucht auch er es mit einem Lächeln, sagt aber doch ein bisschen pikiert: „Da will man galant sein…“

4. Die Frau im Bild, die mediale Erotisierung und Rolle als Werbeträger des kapitalistischen Marktes

Der nächste Schauplatz dieser Untersuchung drängt sich auf, als ich zu Hause meine Notizen von der Mittagsgesellschaft in den Computer eingebe. Unzufrieden mit meinen Notizen, fange ich an, nervös den Staub vom Computer zu wischen, irgendwelche Kekse, oder waren es Chips, die neben meinem Computer lagen, in mich hinein zu stopfen und schließlich unversehens, ziellos das Web zu browsen. Vornehmlich, um mein Wissen über ein paar Begriffe des Feminismus aufzufrischen, wohl aber auch, weil mir scheint, dass meinen Notizen etwas fehlt und ich mich von diesem Makel ablenken will.

Was könnte das also sein, das, was mir fehlt? Diese Frage wurmt mich weiter und das trotz aller Ablenkungsmanöver und medialer Zerstreuung. Dann weiß ich plötzlich, was es ist. Vielleicht weil ich so orientierungslos im Netz herumgesurft bin, wird mir klar, dass es die Orientierung ist, die mir fehlt, das klare Bild des Feindes.

Was ist das für ein Feind, der so flüchtig und unsichtbar zu sein scheint, dass er mir bislang entwichen ist? In den Gesprächen der Mittagsgesellschaft beim Italiener ging es um diesen unsichtbaren Feind, um die Widerstände, auf die Frauen stoßen, wenn sie versuchen, sich beruflich zu verwirklichen, wenn sie versuchen, erfolgreich zu sein. Aber wirklich benennen tun wir sie, ihn, nicht. Wer oder was sind also diese Widerstände? Männer?

Im Internet stoße ich auf die Umfrage des belgischen Unternehmens *Jump*, das 2660 Männer dazu befragte, ob sie Gleichberechtigung am Arbeitsplatz begrüßen. Über dreiviertel der Befragten antworteten, dass sie persönlich von mehr Gleichberechtigung am

Arbeitsplatz profitieren würden. Wie geht das mit den Erlebnisberichten der Frauen beim Mittagessen zusammen? Hatten diese Männer alle gelogen oder etwa gegen ihr besseres Wissen gehandelt? Wer steht hinter der häufig diagnostizierten frauenfeindlichen Atmosphäre am Arbeitsplatz? Wer steht hinter der häufig immer noch zu einseitigen Arbeitsteilung, die Kinder zum Obstakel machen? Wer oder was lugt da hinter der Ecke hervor?

Männer und wohl auch Frauen sind sicher Erfüllungsgehilfen der Fortschreibung des ungleichen Geschlechterverhältnisses, aber jeder oder jede für sich genommen ist nur eine kleine Masche in einem ausufernden Strickwerk, dem man keine Beachtung schenken müsste, wenn sie, die kleine Masche nicht Rückhalt im tradierten Strickmuster fände.

Aber auch das beantwortet nicht die Frage, warum es so schwer ist, sich von diesen Maschen und Mustern zu lösen, warum sich diese Muster so hartnäckig halten.

Virginia Woolf – ich trug das Buch immer noch überall bei mir und habe es jetzt auf meinem Schreibtisch liegen –, also Frau Woolf riet ganz lapidar dazu, an dem was uns im Weg steht, einfach vorbeizuschauen. Sie identifiziert es als Miltons Popanz – was man als Vogelscheuche des männlichen Genies interpretieren kann, denn Milton war ein großer englischer Dichter und Popanz ist ein anderes Wort für Vogelscheuche. Also sie riet uns dazu, an dieser Vogelscheuche eines männlichem Prototyps vorbeizuschauen, denn kein Mensch sollte die Sicht versperren.[31] Und selbst der plumpe Sexismus, den wir in unseren Berichten bei der Mittagsgesellschaft beim Italiener, als Beilage zu Speis und Trank auftischten, ist in der Vogelscheuchen-Perspektive nur eine alberne Angelegenheit, ein schenkelklopfendes Gelächter eines unterirdischen Stammtisches, wohin man sich nun wirklich nicht verirren muss, solange es sich nicht auf ein fest gemauertes solides Ungleichverhältnis stützt, solange es nicht als feiner Faden jede Masche des Strickwerks von

[31] VW, S. 155.

Gesellschaft durchzieht, solange es nicht nur Masche, sondern Muster ist.

Wie schafft es dieser feine Faden also, sich durch das gesamte Strickwerk der Gesellschaft zu ziehen?

In den 1970er Jahren schufen feministische Theoretikerinnen die Kategorie „institutionalisierter Sexismus“, um zu erfassen, wie sich das Ungleichverhältnis zwischen den Geschlechtern perpetuiert und in Alltagspraxen einschreibt. Die Ehe war – und wahrscheinlich ist sie es in Teilen immer noch – so eine Institution, die unter dem Vorwand der Romantik, Herrschaftsverhältnisse festschrieb. Wir erinnern uns, wenn auch dunkel, dass Ehefrauen ihre Ehemänner um Erlaubnis fragen mussten, wenn sie berufstätig werden wollten, dass sie kein eigenes Bankkonto besitzen durften und sich legal kaum gegen Gewalt in der Ehe wehren konnten. Es gibt Überbleibsel dieser patriarchalen Gesetzgebung in der Rechtsprechung bei Vergewaltigungsvergehen: Noch immer ist dem Gesetzgeber in manchen europäischen Ländern ein ‚Nein’ nicht genug als Ausdruck der Ablehnung. Genauso sind nicht in allen europäischen Ländern alle Paare, etwa schwule und lesbische, zur Institution der Ehe zugelassen. Die Institution der Ehe reguliert damit unser Rollenverhalten.

Dennoch erscheint mir das Feindbild der Institution nicht ausreichend zu sein, um den Faden des gesellschaftlichen Strickwerks zu verfolgen, das Frauen Widerstände in den Weg wirft.

Institutionen haben Regeln, die auf Gesetzen beruhen und sollten somit die Möglichkeit in sich tragen, diese institutionalisierten Herrschaftsverhältnisse durch die Änderung der Regeln und Gesetze abzuschaffen. Wenn es aber nun weder Kinder, Männer, Frauen, noch Institutionen sind, wer ist dann der Feind der freien Entfaltung der Frauen? Wie dringt der feine Faden, der Frauen zum Strick wird, in jede Masche der Gesellschaft und in jede unserer Gesten? Ja, in jede Geste, denn die gesellschaftliche Strukturierung geht ins Detail. Sie umfasst die systematische zweigeschlechtliche Kategorisierung der Gesellschaft durch Sprache und Symbolik, die

Normierung der Geschlechterrollen, ihre Kleidung und ihr soziales Auftreten durch Erziehung mit ihren Praktiken der Verführung (der holde Prinz rettet dich!) sowie der Bedrohung (du wirst nie einen Mann finden!) und durch von anderen vorgelebten sozialen Praktiken (Frauen treffen sich zum Kaffeeklatsch, Männer auf ein Bier) sowie die Regulierung möglicher Übertretungen durch gesetzliche Eingriffe in die Gestaltung der Sexualität, etwa durch die Regulierung von Homosexualität. All das ist irgendwie bekannt und irgendwie entgleitet es dennoch immer wieder unserer Wahrnehmung, weil alle diese Praktiken Teil von Subjektivierungsprozessen sind. Bevor ich die Kategorie Frau kritisieren kann, bin ich sprachlich schon entweder als Frau oder als Mann kodiert. Bevor ich als Kind gegen die Geschlechtererziehung rebellieren kann, bin ich schon entweder Mädchen oder Junge und bevor ich mich als Erwachsene meiner geschlechtlichen Zuschreibung erwehren kann, verhalte ich mich schon längst entsprechend dieser Rollenmuster und betrachte mein Verhalten als Teil meiner Persönlichkeit.

So machen wir alle bei der Perpetuierung des Rollenverhaltens mit: Frauen, Männer, Mütter, Ehefrauen, Ehemänner, Chefs, Mitarbeiterinnen, die Institutionen, die Gesetze, die Politik, die Wirtschaft.[32]

Beim Surfen im Netz stoße ich auf eine Facette des Transfers des Rollenschemas: Ich stoße auf unzählige Bilder von Frauen. Ich möchte diesem Phänomen gerne mehr Aufmerksamkeit schenken, denn diese massive öffentliche Zurschaustellung steht irgendwie im Gegensatz zur immer noch währenden Unterrepräsentation von Frauen an Schlüsselpositionen unserer Gesellschaft. Was machen die denn hier, frage ich mich also. Dann erinnere ich mich, dass die *Guerrilla Girls*, eine interventionistische Künstlerinnengruppe in den USA, in ihren Aktionen darauf aufmerksam gemacht hatte, wie viele (nackte) Frauen auf den Bildern in Museen zu sehen waren

[32] Wobei die Politik ja einiges von der Wirtschaft fordert (Offenlegung der Gehälter ab 200 Mitarbeitern pro Betrieb), aber nicht mal bei der Vergabe öffentlicher Aufgaben auf Gleichberechtigung achtet.

und wie wenige Frauen als Künstlerinnen in Museen vertreten waren. Diese Diskrepanz scheint sich also nur fortzusetzen. Die großen schweren goldgerahmten Gemälde verflüchtigen sich jedoch angesichts des medialen Spektakels von heute. Die visuelle Präsenz von Frauen ist schließlich nicht nur museal, sondern allgegenwärtig. Ich schaue mir Werbeclips, Musikvideos, Videoclips sowie Fotos von *Celebrities* in Sozialen Netzwerken an. Frauen sind darin eindeutig nicht unterrepräsentiert.

Nach einem Browserclick stoße ich auf Zahlen, die mein Bedürfnis nach Zahlen und rationalen Argumenten befriedigen. Die Soziologin Antje Schrupp schreibt, dass wir tagtäglich mehr Menschen in Werbebotschaften als im wirklichen Leben sehen: Circa 1.000 Reklameimpulse pro Tag treffen auf uns ein.[33] Hm, da muss man wohl mindestens eine halbe Stunde täglich im Web surfen. Aber auch, wenn man viel weniger Reklameimpulsen ausgesetzt ist, ist es doch augenfällig, wie viel blonder, dünner, kinderloser, jünger und gesünder diese Frauen als jene im wirklichen Leben aussehen. Ach, und nackter, fällt mir dann noch ein.

Virginia Woolf hatte ihrerzeit nach dem Bild der Frau in Texten männlicher Autoren gesucht, denn auch wenn Frauen schon auf den alten Gemälden viel Raum einnahmen, so wurde doch ihre Natur, Identität und Rolle in Texten verhandelt. Ich hingegen brauchte dazu kein Buch aufzuschlagen, sondern mich nur umzusehen.

Woolf hatte die Lektüre der konsultierten Bücher damals wütend gemacht, denn er, der Verfasser dieser Bücher, war ganz offensichtlich wütend, als er sie verfasste, wütend auf die Frauen, die er beschrieb. Die Texte waren voller Vorurteile und ohne sachliche Beweise verfasst. Woolf hatte sich gewundert, warum ein Mann, obwohl er mit all dieser Macht ausgestattet ist, wütend sein sollte, wütend auf Frauen? Und sie hatte gemutmaßt, ob Wut gewissermaßen der Vertraute der Macht sei, ein Kobold, der sie stets begleite?[34]

---

[33] https://prezi.com/2rwpeu_swgbh/sexualisierte-werbung/
[34] VW, S. 45.

Ich frage mich also, ob mich die Frauenbilder, auf die ich stieß, wütend machen? Waren auch sie aus Wut gemacht? Waren die ProduzentInnen dieser Bilder wütend auf die Frauen, die sie abbildeten?

Ich schaue mir die makellosen Körper, die sich vor mir räkeln, aalen und mich verführen, an. Nein, wütend machten sie mich nicht. Und es schien sich auch keinerlei Wut hinter diesen Bildern zu verbergen. Eher potenzierte Erotisierung! Die Bilder verführten ihre Betrachter. Aber zu was wollen mich oder uns diese Bilder eigentlich verführen? Sie verführen uns dazu, das haben zu wollen, was wir sahen. Und sie versprechen uns, es haben zu können, alles, was wir dafür tun mussten, war kaufen: das beworbene Produkt, das Musikvideo, den Film oder den beworbenen Service. Die Bilder verführen also dazu, zu kaufen…

Ich will nichts kaufen, aber ich will mehr von diesen Bildern sehen, denke ich trotzig.

Die nächsten Stunden verbringe ich mit meiner Recherche vortäuschenden Zerstreuung. Ich bin wie gebannt. Wir sind daran gewöhnt, viel Frauenfleisch zu sehen, und schauen uns nicht einmal mehr richtig danach um. Während ich mir diese Bilder ansehe, denke ich mir dann aber doch, wie erstaunlich, an was wir uns da so gewöhnt haben! Nicht, dass es kein Genuss ist, all diese attraktiven Frauen zu betrachten. Aber es ist doch erstaunlich freizügig, was ich da zu sehen bekomme.

Nachdem ich mir haufenweise Kompilationen von Commercials, Musikvideos, sowie Instagram-Postings angesehen habe, komme ich mir wie eine getarnte Peepshow-Konsumentin vor. Die Frauen benehmen sich so, als ob sie uns verführen wollten, und posen vor der Kamera, als ob wir Zuschauer gerade mit ihnen intim werden würden, dabei sind sie aber meist bekleidet. Die Kamera tastet Körper ab, fährt in den Ausschnitt und zwischen die Beine von Frauen. Will man danach greifen, stößt die Hand jedoch jäh gegen das Plastik der leuchtenden Bildschirmoberfläche. Zurück bleiben die fettigen Flecken der tastenden Finger... Puuh, das reicht mir jetzt aber! Die Endlosschleife aus Verlockung und Entzug wird monoton und es treibt mich an die frische Luft.

Ich lasse alles stehen und liegen und laufe zur Tür. Bevor ich jedoch die Wohnung verlasse, riskiere ich noch einen Blick in den Spiegel, um nicht allzu zerzaust nach draußen zu laufen. Mein Spiegelbild zeigt ein angestrengtes, müdes Gesicht. Ich ziehe eine Fratze, und denke mir, es ist mir nicht wohlgesonnen.

Sind die Frauenbilder, die uns umgeben, ein Spiegel der Gesellschaft, wie immer wieder behauptet wird? Und finde ich im kommerzialisierten Bild die Wahrheit über die Frau oder zumindest das vorherrschende Bild der Frau wieder? Ich stolpere über meine eigene Formulierung, denn wenn wir 1000 Reklameimpulse pro Tag aufnehmen, also vielleicht sechs- bis siebenhundert Frauenbilder pro Tag betrachten, kann Spiegel nicht das richtige Wort sein. Ein Spiegel reflektiert, dieser Spiegel vervielfältigt, verzerrt, erschafft eine neue `schönere` Welt, in der Frauen, wie man doch seit eh und je sagt, das schöne Geschlecht darstellen. Ein Zerrspiegel. Mein angestrengtes, müdes Gesicht bekommt in diesem Spiegel nicht einmal eine Nebenrolle.

Ich reiße mich los von meinem müden Bild und verlasse die Wohnung. Draußen angetroffen, muss ich feststellen dass es in Strömen gießt und sehr ungemütlich ist. Also lieber schnell hinein ins nächste Geschäft und da fällt mir ein, dass ich meiner Tochter versprochen hatte, ihr eine Barbie zu kaufen. Welch' ein Versehen, dass sich als wahres Vergehen herausstellen sollte. Aber das bemerke ich erst später … zu spät. Ich wate durch den Regen bis zum nächsten Spielzeuggeschäft.

Dort angelangt, bin ich erst einmal froh, im Trockenen zu sein und stehe dann lange unschlüssig vor dem Regal der Barbiepuppen. Vor lauter Rosa erkenne ich kaum die Unterschiede zwischen den Angeboten. Sie reduzieren sich auf Schattierungen. Schließlich greife ich zu einer Popstar Barbie. Für die spricht, dass sie mit vielen Accessoires ausgestattet ist – einer Hifi-Anlage mit Micro, CDs und weiteren Outfits –, dass es sich dabei nicht um eine Prinzessin oder eine potentielle Hochzeitskandidatin in weitem Glitzerkleid handelt, sowie dass sie, die Puppe etwas tut, dass sie einen Beruf ausübt, mit dem sie Geld verdienen kann.

Zu Hause erwartet mich dann die Überraschung. Meine Tochter und ich packen die Barbie, die ich ausgewählt habe, aus, erst aus der Verpackung und dann aus der Kleidung, die für Kinder anscheinend auch so eine Art Verpackung darstellt. Als sie dann ausgepackt und ausgezogen vor uns liegt, stelle ich erschreckt fest, dass ihr Körper vollkommen verdreht und verrenkt ist und man ihn auch nicht gerade biegen kann. Sie soll ihren Körper wohl zu den Rhythmen der Musik schwingen, aber sie sieht dabei aus, als habe sie jemand verkrüppelt, die Arme! Was haben sich die Hersteller*innen eigentlich dabei gedacht, denke ich und will die Puppe am liebsten gleich wegschmeißen. Die Klappe des Abfalleimers springt schon auf, als ich innehalte, ich kann ja meine Tochter nicht enttäuschen … eine Stunde später fehlt der Puppe allerdings schon ein Bein.

Erst am nächsten Tag komme ich dazu, das, was ich mir am Vortag am Bildschirm angesehen hatte, Revue passieren zu lassen. Aus der zeitlichen Distanz und nach erholsamer Nachtruhe muss ich zugeben, nicht alle Werbung, die ich gesehen hatte, war sexistisch, das heißt, nicht alle Werbung setzt herabsetzende Zuschreibungen von Frauen als Mittel ein, nicht alle Werbung wirbt für etwas auf Kosten von Frauen. Mein Urteil war ein wenig vorschnell. Ich erinnere mich etwa an einen Clip, in dem ein Vater mit seinem Sohn im Supermarkt einkauft. Die Beiden nehmen verschiedene Waren aus den Regalen und legen sie in den Einkaufswagen, bis der Junge etwas – ich glaube, es war eine Megapackung Chips – in den Wagen legen will, was der Vater ihm nicht kaufen will. Da brüllt der Junge. Und der Vater leidet. Der Zuschauer wird von diesem Anblick schließlich durch die Einblendung einer Kondommarke erlöst. Tja, diese Werbung war nicht sexistisch, aber Frauen kamen darin nicht vor. Hätte man diesen Clip auch mit einer Frau in der Rolle des Elternrepräsentanten drehen können? Was wäre dann anders gewesen? Wäre sie, die Frau, dann nicht einfach eine an der Erziehung gescheiterte Mutter gewesen?

Ich weiß es nicht und wende mich in meinen Gedanken daher lieber den anderen Clips, die ich gesichtet hatte, zu. Eine Kompilation der angeblich lustigsten Werbung aller Zeiten bestätigt dann doch mein vorschnelles Urteil. Man lachte (wenn man denn lachte), weil Frauen darin – unbeholfen den Attributen ihres Körpers ausgeliefert – nicht Herr – oder sollte ich sagen –, nicht Frau ihres Körpers zu sein schienen.

In zwei von diesen Clips lichteten Frauen ihren Hintern auf dem Fotokopierer ab, eine aus Versehen die andere absichtlich. Gefolgt werden sie von einem Clip, in dem eine Frau die Pommes auf ihrem Teller nicht sieht, weil ihre Oberweite den halben Teller und damit auch die Pommes verdeckt. Und schließlich gibt es zwei Clips zu sehen, in denen sich Frauen lasziv vor dem Zuschauer räkeln, so als ob sie gerade mit einem/einer Liebhaber/in im Bett wären, einmal weil der Burger, den die Frau währenddessen isst, so betörend ist, das andere Mal, weil sie das Deodorant eines Mannes so antörnt.

Ich brauche Halt, um zu kommentieren, was ich mir da angesehen habe, und borge mir die Worte der Philosophin Nina Power. Sie schreibt von einer: „(A)lles durchdringende(n) Peepshow Segmentarität zeitgenössischer Kultur.“[35]

Nach diesem Nachmittag vor dem Bildschirm kann ich ihr nur zustimmen. *Tits and Ass*, das Lied aus dem Musical *A Chorus Line* hatte in den 1970er Jahren vorweggenommen, was heute Mainstream ist. Denn so viel erotisch aufgeladener Exhibitionismus hatte es nicht immer gegeben.

Eine Videokompilation mit dem Titel sexistische Werbung der 1950er und 1960er Jahre erfüllt sicher das Etikett sexistisch, aber … darin beschwert sich etwa ein Mann bei seiner Frau, dass ihm ihr Kaffee nicht schmeckt und dass sie doch gefälligst besseren Kaffee kochen solle. Man kann dieser Werbung und der darin zum

---

[35] Nina Power, S. 40.

Ausdruck gebrachten Haltung des Mannes einiges vorwerfen, aber die Bilder bleiben bieder und prüde. Von Peepshow keine Spur. Dafür davon umso mehr in zeitgenössischen Musikvideos. Diese machen der Werbung sogar den ersten Platz streitig, wenn man die deutliche Bildsprache der Verführung als Maßstab ansetzt. Ich sehe sie stolz auf dem Podest stehen und mit dem Pokal winken.

Die Musikbranche ist zwar immer noch männerdominiert,[36] aber das kann kein Argument für den erotischen Trend in der Bildsprache sein. Denn, trotz dieser Dominanz, hat die Zahl erfolgreicher Frauen in der Branche zugenommen – es gibt eine lange Reihe internationaler weiblicher Popstars: Béyoncé, Lady Gaga, Taylor Swift, Lana del Rey, Miley Cyrus und wie sie alle heißen. Doch was sie in einer Ästhetik zwischen Variété und Peepshow am Bildschirm performen ist die unendliche Wiederholung von *Sex sells*. Halt, es ist nicht wirklich Sexualität, worum es hier geht, sondern wie Laurie Penny analysiert, „die Illusion von Sex, eine Airbrush Fantasie von Sexualität mit erzwungenem Spaßfaktor, die so steril wie unbarmherzig ist".[37]

Wahrscheinlich naiv frage ich, warum entführen sie uns nicht einmal virtuell ins Reich neuer Frauenbilder. Und was wäre so ein neues Frauenbild überhaupt? Ein von gesellschaftlichen Konventionen und Männerphantasien befreites Bild? Aber – muss ich mich da selbst korrigieren – ist frei von gesellschaftlichen Konventionen, nicht auch frei von gesellschaftlicher Autorität, und das heißt ohne Handlungsvermögen?

Die Rezeption dieser Performances ist ambivalent: Sie variiert zwischen den Polen freiwillige Identifikation mit männlichen Phan-

[36] *Female Pressure,* ein internationales Netzwerk für Künstlerinnen im Electro-Bereich, hat nachgerechnet, dass auf deutschen Festivals der Anteil von weiblichen DJs bei 10,3 Prozent liegt und auf Rockfestivals bei mageren 8 Prozent. Das ist natürlich eine skandalöse Bilanz, aber nicht der Grund für sexistische Frauenbilder in den Musikvideos.

[37] Laurie Penny, *Fleischmarkt*, 2012, S. 22.

tasmen und subversiver Travestie traditioneller Rollenbilder. Letztere Interpretationen nahmen ihren Ausgangspunkt in der Rezeption von Madonnas Performances, die ihre Auftritte so virtuos mit Mitteln der Kostümierung und Maskerade gestaltete, dass sie eine ganze Schar feministischer Autorinnen dazu inspiriert hat, darin ein Spiel mit weiblichen Rollenbildern zu erkennen.

Vertreterinnen der jüngeren Generation weiblicher Popstars stellen nun hin und wieder eine ähnliche Projektionsfläche dar. Die Theoretikerin und Vordenkerin *queerer* Lebensmodelle Jack Halberstam nimmt Lady Gaga als Sprungbrett, um darauf abfedernd einen Gaga-Feminismus zu entwickeln. Einen Feminismus der Täuschung „des Unwirklichen und Spekulativen, der zugleich ein monströser Auswuchs des instabilen Konzepts ‚Frau' in der feministischen Theorie ist. Eine Feier der Verbindung von Weiblichkeit und Künstlichkeit und die Ablehnung der schnulzigen Sentimentalitäten, mit denen die Kategorie der Weiblichkeit angefüllt wird."[38]

Ich lese ihr Buch mit Begeisterung. Vor meinem geistigen Auge entfaltet sich ein Meer der unendlichen Möglichkeiten der Gestaltung, ganz so wie es Halberstam in den Raum stellt: „Was wenn Geschlecht im Laufe des Lebens wandelbar wäre – was wenn jemand etwa sein Leben als Junge beginnen würde, aber dann ein Jungenmädchen werden würde, und schließlich ein Mannjunge? Was wenn einige männliche Wesen Ladies wären, und einige der Ladies Butches, und einige der Butches Frauen, und einige der Frauen schwul, und einige Schwule weiblich, und einige Frauen hetero und einige Heteros nicht wissen, was um Himmels willen, geht hier ab?"[39]

---

[38] Jack Halberstam, *Gaga-Feminism*, "Gaga-feminism, or the feminism (pheminism) of the phoney, the unreal, and the speculative, is simultaneously a monstruous outgrowth of the unstable concept of "woman" in feminist theory, a celebration of the joining of femininity to artifice, and a refusal of the mushy sentimentalism that has been siphoned into the category of womanhood." 2012, S. xiii

[39] Jack Halberstam, „What if gender shifted over the course of a life time–what if someone began life as a boy but became a boygirl and then a boy/man? What if some males are ladies, some ladies are butch, some butches are women, some

Mit der literarischen Figur des Orlando[40] hatte Virginia Woolf ja vor langer Zeit selbst eine Figur skizziert, die ihr Geschlecht wechselte. Aber meine Begeisterung wird gedämmt, als ich mich der bunten Vielfalt in den Videoclips von Lady Gaga zuwende. Was fehlt mir? Lady Gaga kostümiert und maskiert sich doch ganz so wie es Halberstam empfiehlt? Was ich zu sehen bekomme ist doch Maskerade, es ist ein erotisches aber kreatives Spiel mit Referenzen, das den Körper von Lady Gaga in einem Dazwischen positioniert, in einem Spannungsverhältnis zwischen phallischer und femininer Symbolik. Was sind diese erotisierten medialen Frauenbilder? Befreiung oder Unterdrückung? Freie Entfaltung oder Anpassung?

Sexuelle Befreiung insofern, als die Popstars eine offene, fordernde Sexualität demonstrieren, die man Frauen traditionellerweise nicht zugestanden hat? Unsere Vorfahrin musste schließlich noch geduldig warten, bis irgendwann hoffentlich ein ‚Mann' auf sie aufmerksam würde. Jetzt – so zeigen es die Popstars – könne sie ihrem Begehren, wem es auch immer galt, Ausdruck verleihen.

Oder Emanzipation von traditionellen Frauenrollen, insofern als die Popstars diese als Maskerade Praxen vorführten? Unsere Vorfahrin musste ihre Rolle als Mutter und Hausfrau noch als naturgegeben erleben. Jetzt – so zeigten es uns die Popstars – kann sie die gewünschte Identität sozusagen im Kleiderschrank wählen.

Waren diese medialen Frauenbilder also Loslösung von Zwängen oder doch nur Ausdruck des Versuchs einer völligen Kontrolle über den Körper und das Begehren von Frauen?

Ich lehnte mich zurück und blickte aus dem Fenster. Die Baumkrone eines alten Baumes blockiert die Sicht und wohl auch meine Einsicht in die Zusammenhänge. Einfach daran vorbeizusehen war nicht möglich, der Baum war schließlich kein Popanz. Ein paar Sonnenstrahlen schaffen es dennoch durch die Blätter. Sie werfen

women are gay, some gays are feminine, some femmes are straight, and some straight people don't know what the hell is going on?", S. 8.

[40] VW, *Orlando*, 1992.

Licht auf die im Zimmer herumwirbelnden Staubkörner und veranlassen mich dazu, die Antwort auf meine Frage in kleinen Körnchen aufzulesen.

Ich erinnere mich also, dass Feministinnen in den 1970er Jahren in Wien lautstark gegen Palmers Unterwäsche-Werbung protestierten, weil sie diese halbnackten Frauenbilder als sexistisch empfanden. Heute bringen Palmers Plakate nicht einmal mehr eine radikale Antipornographie-Vertreterin auf die Straße, obwohl die Sujets nicht weniger anzüglich ins Licht gerückt sind.

Im Gegenteil: Feministinnen nutzen Nacktheit für mediale Aufmerksamkeit. Die umstrittene feministische Bewegung *FEMEN* hat es zu ihrem Markenzeichen erwählt, mit freiem Oberkörper zu protestieren, weil es so gut funktioniert: Das Medienecho explodierte, seit sie sich dazu entschlossen haben. Die Ambivalenz bleibt. Bedienen sie sexistische Phantasmen oder ist die Nacktheit, solange sie selbstgewählt ist, eine Befreiung?

Diese Frage betrifft auch Kleiderordnungen. Sind zehn Zentimeter hohe Pumps weniger schmerzhaft, wenn sie frei gewählt werden? Und was ist das, die freie Wahl?

In London wurde eine Empfangsdame gefeuert, weil sie es ablehnte, Schuhe mit hohem Absatz zu tragen. In Großbritannien dürfen Arbeitgeber nämlich weiblichen und männlichen Angestellten unterschiedliche Kleiderordnungen vorschreiben, solange ein ‚gleiches Maß an Eleganz' gefordert wird. Die betroffene entlassene Empfangsdame, Nicola Thorp ist ihr Name, hat seither eine Petition initiiert, um eine Gesetzesänderung zu erwirken. Unbehelligt von solchen Anliegen tragen sämtliche Popikonen weiterhin freiwillig und offensichtlich lustvoll Stöckelschuhe mit mindestens zehn Zentimeter hohen Absätzen. Ob in Plateau oder Pfennigform, sie betonen die phallische Seite dieses Modeaccessoires.

Die Stars führen vor, wie man lustvoll all die Attribute sogenannter weiblicher Waffen wie Masken für sich beanspruchen kann und dabei nicht zum unterdrückten Weibchen sondern zur selbstbestimmten Frau wird. Phallisch eben. Barbara Vinken weist auf die

Ähnlichkeit zwischen moderner Frauenmode zur vormodernen Soldatenmode hin. Selbst die Stöckelschuhe waren vor der Französischen Revolution Männersache.[41]

Dennoch, die Ambivalenz bleibt, die potenzierte Erotisierung der Körper will mir nicht als Siegeszug der Emanzipation von Frauen in den Sinn kommen, auch wenn sie als kraftvoller Ausdruck weiblichen Begehrens erscheint.

Warum, darauf habe ich heute keine Antwort mehr, ich muss die Kinder von der Schule abholen. Der Baum vor meinem Fenster verstellt mir weiterhin die Sicht und lässt sich, wie gesagt, nicht so einfach davonscheuchen. Auf dem Weg zur Wohnungstür stolpere ich über die verrenkte Barbiepuppe. Ich weiß nicht, weshalb ich mich dazu entschließe, ihr Bein zu reparieren, obwohl ich ihr Rückgrat nicht richten kann. Ich nehme die Puppe mit an meinem Schreibtisch und denke daran, was mich der Spaß gekostet hat. Was kostet der Spaß? Denn nackt oder bedeckt, Korsett oder High Heels, was all diese Frauenbilder vom Barbie Popstar bis zum Medienpopstar miteinander verbindet, ist, dass sie Kauflust schüren sollen, indem sie Lust, Status, Erfolg und Identität versprechen. Nach dem Motto ‚Ich kaufe, also bin ich' versprechen sie mir ein neues Ich in der Einkaufstüte. Frauenbilder waren zu Sirenen des Kapitalismus geworden. Und beides zusammen fügt sich zu einem Knäul – nicht jenes meiner Erfahrungen, Beobachtungen und Empfindungen – es ist ein Knäul, indem sich Kapitalismus, visuelle Kultur und Begehren eng miteinander verweben. Genug für heute, ich musste mich beeilen, und will nicht riskieren, mich in diesem Knäul zu verheddern.

Nach diesem unterbrochenen Gedankengang, bleibt mein Manuskript eine ganze Weile unbeachtet in einem Computerfile liegen, bis ich auf Textstellen des Philosophen Walter Benjamin stoße. Seine Worte inspirieren mich dazu, das liegengelassene

[41] Barbara Vinken, *Angezogen*, 2013, S. 14 ff., S. 27.

Knäul endlich zu entwirren. Benjamin stellt plausibel die Behauptung auf, dass die Prostituierte ein Vorbote des Warenfetisch gewesen sei, da sie immer auch ein Versprechen verkaufte. Das Versprechen der Lust. Das Frauenbild war also schon in vorkapitalistischen Zeiten an die Vermischung von Verkauf und Versprechen geknüpft. Dies erklärt, warum Marktstrategien ursächlich mit dem Bild der Frau zusammenhängen und warum ich überall dort, wo ich etwas kaufen kann, auf Bilder von Frauen stoße. Und es erklärt auch, warum die Mode der Frau mit dem Bild der Kokotte kokettiert oder, wie Barbara Vinken es ausdrückt: „(D)er Schatten der Prostituierten (wird) die Frauenmode [...] nicht mehr verlassen".[42]

In der kapitalistischen Entwicklung des 19. Jahrhunderts – so heißt es weiter bei Benjamin – wurde die tatsächliche Prostituierte jedoch sehr bald zum Störfaktor dieses Marktmechanismus, denn sie löste zu viel von ihrem Versprechen ein. So wurde sie etwa aus den Pariser Passagen verbannt, vor allem von ihrem Stammplatz, dem Palais Royal in Paris, damit die Leute Waren kauften, die etwas versprachen, aber das Versprechen nie direkt einlösten, und so anstatt Begehren unmittelbar zu befriedigen, zu erneutem Einkauf anregten.[43] Die echte Hure wurde dann durch das Bild des leichten Mädchens ersetzt, das die Mode irgendwie bis heute prägt und daraus ein Spiel von Verhüllen und Entblößen macht, eine Phantasmagorie,[44] die, während sie den Körper entblößt, verdeckt, wozu dieser Körper dient: nämlich dem Verkauf von Waren.

War der alte Baum vor dem Fenster als blutjunger Spross Zeuge der Vertreibung der käuflichen Frau aus den Einkaufspassagen und ihrer Ersetzung durch ein künstliches Faksimile im Modestil gewesen? Das war inzwischen wohl fast 200 Jahre her.

---

[42] Barbara Vinken, S. 71.

[43] Walter Bejamin, *Das Passagenwerk*, Konvolut O: Prostitution, Spiel, 1982, S. 613 ff.

[44] Benjamin entlehnte diesen Begriff von den im 19. Jahrhundert mithilfe der Laterna Magica erzeugten Phantasmagorien, projizierten Figuren, die so wirkten als ob sie im Raum schwebten, um die Traumbilder des Kapitalismus zu beschreiben.

Ich frage mich, wie es heute ist? Was bekomme ich versprochen und was wird davon gehalten? Mir fällt die Barbie wieder ein. Sie liegt immer noch auf meinem Schreibtisch. Ich nehme sie in die Hand und frage sie, was sie mir verspricht? Sie ist verdutzt: Allen kleinen Mädchen sei doch sonnenklar, was sie verspreche! Sie sei berühmt, und wenn ich wolle, könne ich genauso berühmt werden wie sie. Ich frage sie, ob ich mich dafür auch so verrenken müsse wie sie. Sie antwortet nicht mehr. Ich sollte meine Tochter fragen, die weiß das wahrscheinlich besser als ich.

Das Medium dieses Versprechens ist visuell. Bilder sind die engsten Vertrauten des Marktes geworden und das betrifft insbesondere das Frauenbild, das durch Mode inszeniert etwas vorgeben kann, ohne auf Authentizität angewiesen zu sein. Die Frau soll eben lediglich wie eine Kokotte aussehen, ohne eine zu sein. „Wie die Erotik“ – schreibt Baudrillard – „in den Zeichen weilt und nie im sinnlichen Begehren, […]“[45] und an anderer Stelle: „(J)egliche Sexualität (wird) ihrer eigenen Substanz entleert und zum Gegenstand von Konsum.”[46]

Auch Männer können in den Sog des Vermarktungsapparates gezogen werden, und auch sie sollten in diesen Zeiten einen durchtrainierten Körper und einen Bauch wie ein Bügelbrett haben. Doch ist diese Bilderwelt von Frauenbildern dominiert. Männermode hat sich in den letzten 150 Jahren kaum verändert, der Anzug ist das unmodische moderne Kleidungsstück per se. Er kaschiert Körper und Geschlecht und zeigt nur den Menschen Mann, seine Persönlichkeit im Gesicht. Männer müssen – wie Barbara Vinken schreibt – als Menschen hinter dem männlichen Kollektivkörper der verschiedenen Staatsinstitutionen zurücktreten, um Autorität und Macht zu verkörpern. Der männliche Anzug ist die Uniform der Demokratie.[47] Vor zu viel Mode, und das heißt immer auch Maskerade, muss sich der Mann in Acht nehmen, um nicht ins Abseits

[45] Baudrillard, *Die Konsumgesellschaft*, 2014, S. 197.
[46] Ebenda, S. 219.
[47] Barbara Vinken, S. 61.

der Gesellschaft und ihrer Machtpositionen zu geraten. Zu modisch gekleidete Männer sind verdächtig, der erotisierte Körper ist entweder schwul, effeminiert eben, oder schwarz.[48] Vinken erklärt sich diesen Sachverhalt damit, dass sich schwarze Männer nicht primär über ihre Fähigkeit, den Familienunterhalt zu verdienen, definieren, aber es ist wohl auch ein Erbe der Kolonialisierungsgeschichte, in welcher der schwarze Körper zwecks Unterordnung exotisch aufgeladen wurde. Schließlich darf man gelegentlich auch einem Arbeiter dabei zusehen, wie er seine Muskeln spielen lässt. Der white-collar Träger dagegen hat keinen Körper. Oder besser gesagt, er hat kein Fleisch, er ist selbstbewusstes Subjekt und Teil des Staatskörpers.[49]

Die westliche Frau dagegen kann alles tragen – ach nein, Verhüllen dürfen sie sich nicht zu sehr, keine Burka, kein Burkini. Ansonsten kann weibliche Mode launisch, schillernd, eklektizistisch, anachronistisch sein und vor allem den erotisierten Körper ins Zentrum rücken.[50] Ob sie es nun eher launisch oder elegant mag, ist ihre freie Wahl.

Sie zahlt für diese Freiheit allerdings den Preis, nicht als Trägerin von Autorität und Kontinuität zu gelten: Weder selbstbewusstes Subjekt noch Teil des Staatskörpers zu sein.[51] „Nicht der Geist, sondern die Sinnlichkeit triumphiert. Nichts dreht sich um die Sache des Allgemeinwohls, alles um eitle Nichtigkeiten."[52] Sie ist da-

---

[48] Ebenda, S. 95.

[49] Ebenda, S. 35.

[50] Ebenda, S. 77.

[51] Hat es Angela Merkel geschafft mit ihrem betont dezenten Kleidungsstil – der sich von Tag zu Tag nur durch die Farbe des Jacketts unterscheidet – dieser Weiblichkeitsfalle zu entkommen, oder die Wahrnehmung so sehr durch Geschlechterkategorien geprägt, dass sie dennoch anders als ihre Kollegen beurteilt wird? Ich kann hier keine Antwort geben, aber es wäre interessant, dies zu erörtern.

[52] Ebenda, S. 110.

her das, was zwischen den Institutionen oszilliert, das, was verhandelt und gehandelt wird, das Versprechen, das Kommunikationsmittel, das Medium, die Ware.

Das sind starke Thesen, die sicher noch einmal überprüft werden sollten. Am besten, ich gehe einkaufen, um zu sehen, wie und wann die medialen Frauenbilder in das Leben der realen Frauen treten, die nicht allen Schönheitskriterien des medialen Bildes entsprechen, und die zudem altern.

Shoppen soll – zumindest laut der inzwischen ein wenig verstaubten TV-Serie *Sex in the City* eine Lieblingsbeschäftigung von Frauen sein. Es ist mir heute eine willkommene Ablenkung, um den Schreibtisch zu verlassen. Doch insbesondere die Umkleidekabine war für mich seit eh und je ein Hort des Schreckens.

Schlimmer noch als der Spiegel der Kabinen sind zu neugierige Verkäuferinnen, die dreist in die Umkleidekabine blicken und fragen „Na, wie sieht's aus?“ Solche Geschäfte meide ich. Aber gut, heute will ich keine persönlichen Befindlichkeiten beschreiben, sondern sehen, wie und wo ich beim Einkauf mit medialen Frauenbildern konfrontiert werde?

Mir fällt ein, dass ich einmal genau jenen Bikini, für den Beyoncé auf riesigen Billboards warb, gekauft und ihn dann nie angezogen habe, denn ich konnte dem Vergleich zwischen ihr und mir nicht standhalten. Hatte mir der Bikini versprochen, so auszusehen wie sie, wenn ich ihn trage – und sein Versprechen nicht gehalten? Oder war die Botschaft, schäme dich, dass du nicht so aussiehst wie sie – und ich konnte diese Erniedrigung nicht ertragen? Oder war schon der Griff nach diesem Bikini eine Konditionierung, floss meine Vorstellung von gutem Leben hier in eine Kaufentscheidung? Es war wohl alles ein bisschen.

Nicht nur jeder Kauf ist Einwilligung in ein Bild der Frau, auch jede Lebensweise eine Ware, die wir durch die Bilder der Frauen vermittelt bekommen, stelle ich fest. Was nutzt es also noch in Geschäfte zu gehen, um dort eine Bestätigung für meine These zu finden, wenn mein gesamtes Leben durch die phantasmagorischen

Bilder des Marktes strukturiert ist, das persönliche Glück vermeintlich als Ware erhältlich und diese Ware mit sterilem erotischem Kapital aufgeladen ist.

Ich mache auf dem Absatz kehrt und erledige nur die notwendigen Einkäufe. Ich eile in den Supermarkt. Dort begegnet mir auf Bildern über der Wurstvitrine die schlanke Frau, während sich ein paar Mollige – natürlich nicht nur – durch die Regalreihen schieben. Was wäre, wenn unsere Essensauslagen mit üppigen Figuren à la Rubens dekoriert wären, frage ich mich? Nach dem Supermarktbesuch geht es in die Apotheke. Hier begegnet mir in der Vitrine die junge Frau, die für Anti-Falten-Creme wirbt, während in der Schlange hinter dem Counter vor allem alte Frauen stehen.

Selbstverständlich können reale Frauen selbst an dieser Rolle verdienen, fällt mir ein. Das Gesicht auf dem Cover, die Popikone in Stilettos wird heute teuer bezahlt, die bekannten Popstars sind vermögend, aber es ist ein zweifelhafter Pakt, bei dem sie dem medial erotisierten Frauenbild dienen müssen und der, wie Laurie Penny schreibt, mit einem „gnadenlosen und inszenierten Abscheu vor dem weiblichen Fleisch" einhergeht.[53]

Ja, Frauen sind dazu angehalten, sich so zu verrenken wie die Popstar-Barbie, um ein Popstar zu werden. Ihr Rückgrat muss gebrochen werden.

Ihre Macht begründen diese Frauenbilder aus ihrer Position an der Schnittstelle zum Kommerz. Jeder Kauf ist Versprechen von und Zustimmung mit einem Bild der Frau, so dass sich dieses wie ein feiner Faden durch jede Masche des Strickwerks der Gesellschaft ziehen kann.

Die Beziehung zwischen virtueller und realer Frau ist komplex. Wenn wir täglich mehr virtuellen Frauenbildern begegnen als realen Personen, dann ist unsere etwas rundliche Nachbarin eine, die aus der Norm fällt, und nicht die retouchierte digitale Schönheit –

[53] Laurie Penny, S. 7.

auch wenn wir uns wie ein Mantra wiederholen, dass diese letztere virtuell sei. Ein auf *Facebook* gefundenes Video zeigt Frauen, wie sie tanzend kochen. Zuerst das mediale phantasmatische Bild, ein graziles Model, das leichtbekleidet, sanft und lasziv die Hüften schwingt und anschließend eine etwas aus dem Leim gegangene mittelalte Frau, die temperamentvoll zu den Rhythmen aus dem Lautsprecher rockt, während sie im Topf rührt. Es ist, als ob das Video ausruft: Schämt euch Frauen, dass ihr nicht so ausseht wie das Wunschbild!

Wir wissen, dass es nur Bilder sind, die sich wahrlich nicht als Ich-Ideale eignen und lassen uns doch selbstgewählt und strahlend lächelnd auf die Herausforderung ein, alle Rollen, die eine Frau in diesen fetischhaften, warenförmigen Bildern vermeintlich attraktiv machen, unter einen Hut zu bringen, und zur angeblichen Superpowerfrau zu werden. Karriere machen, Kinder großziehen und dabei sexy, topfit und wie aus dem Ei gepellt auszusehen, etwa so wie Heidi Klum. In *Germany's Next Top Model* stehen die Anwärterinnen dafür Schlange. Und auch wenn wir dort nicht Schlange stehen und uns der Vereinnahmung unserer Ich-Ideale durch das mediale Bild erwehren, so wollen die meisten von uns doch einen Fetzen von dem Glück, das uns in den Bildern versprochen wird, erhaschen, und das heißt, als Teil der Konsumgesellschaft konsumieren und bei jedem Kauf ein gezielt kontrolliertes Bild von Glück und Weiblichkeit erwerben.

Die Kommodifizierung unserer Welt lugt sogar hinter dem Baum vor meinem Fenster hervor. Wenn im Winter die Blätter alle zu Boden gefallen sein werden, kann ich das Billboard auf der anderen Straßenseite sehen. Gut, dass es bisher noch Herbst war, und noch ausreichend Blätter am Baum hingen, um es zu verdecken.

Ohne die Macht der virtuellen Bilder überschätzen zu wollen, so sind sie doch Störenfriede im wirklichen Leben. Sie drängen sich buchstäblich zwischen die Personen einer Beziehung. Sie sorgen dafür, dass wir uns nicht auf die singuläre Person vor uns einlassen, denn die Bilder sprechen bei der Wahrnehmung dieser Person immer ein Wörtchen mit. Sie nähren und kränken unsere narzisstischen Gefühle gleichermaßen. So das bei Nichteinlösung all dieser Begehren und Versprechen – und diese Enttäuschung ist Voraussetzung des Fetischhaften – eine neue Wut entsteht.

Frau Woolf, auch heute sind die Frauen und Männer noch wütend aufeinander! Und diese neue Wut richtet sich leider nicht gegen die kapitalistische Phantasmagorie und den Warenfetischismus, die das Bild der Frau für kommerzielle Zwecke instrumentalisieren. Unser Narzissmus wird gekränkt und wir schieben die Schuld dafür dem Nächstbesten zu, nein, nicht dem Nächstbesten, Frauen und all jenen, die nicht der Heteronorm entsprechen. Es ist etwa eine Wut von Frauen auf Frauen. Verärgert fragen sich Frauen, warum kann sie, die andere Frau, das, was ich nicht kann. Und diese Wut schlägt in Häme um, sobald diese andere Frau versagt, das perfekte Bild zu erfüllen, wenn es ihr misslingt, neben Beruf und Kindern noch einen perfekten Haushalt zu führen und dabei strahlend wie aus dem Ei gepellt auszusehen.

Des Weiteren ist es eine autodestruktive Wut. Frauen fragen sich: Warum kann ich nicht, was sie kann? Und sie verfangen sich in Rechtfertigungen, warum sie berufstätig oder 100 Prozent Mutter sind.

Und es ist eine Wut von Männern auf Frauen. Männer sind dann etwa verärgert, wenn sie, die Frau in ihrem Leben, nicht so ist wie die Frauen in den Bildern. Empört denken sie, warum will sie mich nicht verführen wie die Frau in den Bildern?

Und schließlich ist es eine Wut gegen alle, die nicht in die Heteronorm passen, weil sie Grenzen verwischen und die Kontrolle erschweren.

Hier spreche ich von Schemata, die sich im Einzelfall unterschiedlich ausprägen. Natürlich gibt es Frauen, die großzügig gegenüber anderen Frauen sind und sich über deren Erfolg freuen und Männer, die nicht im Traum ihre aus dem Leim gegangene Partnerin gegen das aktuelle Topmodel eintauschen würden. Aber der soziale Druck, die der Vergleich auslöst, ist groß und schürt Wut.

Diese neue Wut – ich sage neu, weil sie Frauen nicht zurück an den Herd bringen will, sondern sich aufbaut, wenn Frauen nicht ihre Superfrau stehen – braucht wie alle Wut einen Auspuff und kann deshalb zu allen möglichen Formen von Gewalt führen. Ja, ich verwende bewusst dieses drastische Wort. Denn wenn diese Wut ausbricht, kann sie psychisch und physisch wehtun. Die Formen, in denen sie Gestalt annimmt, sind vielfältig: Von sexistischen Verbalattacken über sexueller Belästigung bis hin zu Stalking, vom Cybermobbing bis hin zu schönheitschirurgischen Eingriffen und Essstörungen wie Anorexie reicht ihr Spektrum.

Stalking und Cybermobbing sind beides eher junge Phänomene, die genauso Männer wie Frauen betreffen. Sie berühren ganz spezifisch die Bildproduktion kommerzieller Phantasmagorie. In einem Fall wird das Bild einer Person idealisiert, so als ob diese Person nur ein Bild sei. Im anderen Fall schützt das Bild die Anonymität des Angreifers.

Dass sexuelle Belästigung in unzähligen Arbeitsmilieus stumm geduldet wird, ist vielen in diesem Ausmaß erst durch die Weinstein Affäre bewusst geworden. Leider wird jedoch selten die strukturelle Dimension dieser Übergriffe benannt oder überhaupt erkannt.

Der verbale Sexismus ist auch eine alte Form der Aggression. Aber ich denke, dass das Maß an Unverfrorenheit und Schamlosigkeit nicht abgenommen hat, seitdem Frauen sich auch um die Plätze an der Macht bemühen. „Ihr seid doch nur hier, weil ihr tüchtig beim Sex seid.“, rief etwa der *Fünf-Sterne*-Abgeordnete Massimo de Rosa Politikerinnen im italienischen Parlament zu. Und sein Parteikollege Nicola Morra rief der Ministerin Maria Elena Boschi zu, man werde sich „mehr an die Formen als an die Reformen“ erinnern.[54] Dass diese Beispiele aus Italien stammen ist Zufall. Vielleicht nehmen die Italiener weniger ein Blatt vor den Mund, aber ich möchte nicht wissen, was die Politiker anderer westlicher Par-

[54] http://www.spiegel.de/politik/ausland/italien-politikerinnen-wehren-sich-gegen-sexismus-von-berlusconi-a-1082631.html

lamente ihren Kolleginnen so an den Kopf werfen. Die CDU-Politikerin Jenna Behrends trat mit ihren Sexismus-Erfahrungen innerhalb ihrer eigenen Partei an die Öffentlichkeit.[55]

Bei privaten Anlässen entkomme ich dieser Logik genauso wenig. Bei einem Abendessen, bei dem ein Anwalt und zwei seiner Klienten anwesend waren, die er in einem Fall verteidigte, bei dem sie es mit einer Richterin und einer Polizistin zu tun hatten, musste ich mir anhören, wie die Herren schenkelklopfend zueinander sagten: „Ich werde die Abteilungsleiterin der Polizei bumsen und du die Richterin." Ich unterließ es, sie darüber aufzuklären, das diese Frauen nicht verfügbar sind.

Männer kennen die Fragwürdigkeit ihrer vorgetragenen Überlegenheit und machen sich beizeiten auch humorvoll darüber lustig, aber die Ambivalenz bleibt.

Im Internet stoße ich auf das satirische Video *Women: Know you limits* von Harry Enfield. Eine englische Tischgesellschaft unterhält sich darin höflich, bis das Thema Politik aufkommt. Die Männer äußern sich der Reihe nach zu einer anstehenden Regierungsentscheidung, dann wagt es auch eine Frau, etwas dazu zu sagen. Alle schauen betreten. Ihr Mann erhebt sich verärgert und drängt seine Frau zum Gehen. Filmschnitt.

Die gleiche Szene wird noch einmal gezeigt. Nur sagt die Frau diesmal nur das, was man von ihr erwartet. Ich kenne mich in Politik kaum aus, aber ich liebe kleine Kätzchen ... diese zarten kleinen Dinge. Natürlich ist das ein Scherz, aber er ist lustig, weil die Ambivalenz bleibt, weil die Realität diese Klischeerollen immer noch tagtäglich aufs Neue bestätigt. Mir selbst wurde im Jahr 2016 gesagt: „Ich halte Frauen nicht aus, die über Politik reden. Du siehst so hässlich dabei aus." Ich tröstete mich im Stillen mit dem Titel des Dokumentarfilms *She's beautiful when she's angry*.

---

[55] https://editionf.com/sexismus-parteien-jenna-behrends

Neu, aber genauso wutentbrannt, ist die Gewalt, die Frauen gegen sich selbst richten, auch wenn die Betroffenen, ihre Wut als körperliche Disziplin, Schönheits- oder Gesundheitspflege interpretieren. Gemeint sind etwa das Ständige-Diät-Machen, Schönheitsoperationen und Anorexie. Wie viele Frauen essen nie bis sie satt sind? Laurie Penny schreibt, „der Triumpf des Hungerns ist die größte Niederlage des Feminismus in der westlichen Welt.“[56] Wobei das vermeintliche Ziel solcher Torturen, nämlich schön zu sein, häufig durch bloße Auto-Aggressivität ersetzt wird.

Und welche Frau hat nicht mindestens einmal in ihrem Leben daran gedacht, ihren Körper auszubessern, eine Liposuktion hier, ein Lifting da? Die Erwartungshaltung, die Maskerade zur Perfektion zu betreiben und die Rollen so gut zu spielen als ob sie natürlich seien, macht den weiblichen Körper zum prädestinierten Objekt auf dem Operationstisch, zum Leib, an dem man herumschnippelt, in den man Silikon hineinspritzt oder von dem man Fett absaugt. Nicht um diesen zu verstümmeln, sondern um ihn zu veredeln. Doch dieser Spaß kostet Frauen genauso wie der Barbie das Rückgrat und läuft letztendlich auf eine Verstümmelung des eigenen Ichs hinaus.

Diese Formen der Gewalt resultieren nicht wie im klassischen Schema aus der Niedrigstellung von Frauen in einer hierarchischen Klassengesellschaft[57] (und insofern ist das Gebot des perfekten weiblichen Körpers nicht einfach nur das Gegenstück zum Verhüllungsgebot islamischer Staaten). Es ist nicht in Gesetzen und Verordnungen reguliert, sondern rührt aus seiner Fetischfunktion im kapitalistischen Markt. Frau ist mehr als Frau, Medium, Versprechen, Ware, und wenn sie keine Ware ist, so hat sie ein gesteigertes

[56] Laurie Penny, S. 47.

[57] Die indische Menschenrechtsanwältin Vrinda Grover erklärt Gewalt mit Ungleichheit: „Niedriggestellte werden immer auch durch Gewalt kontrolliert; von Zeit zu Zeit kommt sie zur Anwendung.“ http://www.unric.org/de/pressemitteilungen/4860

Interesse daran, sich der Warenförmigkeit anzunähern, denn dann wird auch sie zur Trägerin des Versprechens.

Der Baum vor meinem Fenster verstellt weiterhin meine Sicht und meine Einsicht in die tückischen Machenschaften des Marktes, ganz so wie das phantasmagorische Versprechen der Bilder, die Warenförmigkeit dieser Bilder verschleiert.

5. Was hat die intellektuelle feministische Produktion dazu zu sagen?

Ich stöbere meine Bücherregale durch und frage mich: Was schreiben Frauen heute über Frauen? Was schreiben sie über die Bedingungen zu produzieren, darüber, eine Produktivkraft zu sein?

Ich frage mich: Welche Bücher haben Euphorie bei mir ausgelöst. Und weiß nicht so recht, wo anfangen, Frauen haben mittlerweile viel geschrieben, was sie schreiben, füllt ganze Bücherschränke, ganze Bibliotheken, sie haben sich in allen Schattierungen ausgedrückt und die Umschläge ihrer Bücher sind in allen Farben bedruckt. Ich blicke also gebannt auf meine bunte Bücherwand, so intensiv, dass diese vor meinen Augen zu verschwimmen beginnt und die Farben durcheinanderfließen – als es an der Tür klingelt. Aufgeschreckt laufe ich hin und öffne. Ich blicke in das zarte Gesicht einer Dame. Mir fallen die durchscheinende Haut und das feine, unmerkliche Lächeln auf. Irgendwie kommt mir das Gesicht bekannt vor. Ich blicke sie an, von oben bis unten. Sie ist zierlich und auffällig altmodisch gekleidet. Sie wirkt sehr distinguiert. Die elegante Dame fragt, ob sie hereinkommen könne. Und dann dämmert es mir…

– „Guten Tag, ich bin Virginia Woolf."

– „Sie sind doch tot", rutscht es mir heraus.

Sie lächelt ihr feines Lächeln und ich kriege es ein bisschen mit der Angst zu tun, aber meine Neugierde besiegt meine Furcht. Ich bitte sie herein und führe sie in mein Arbeitszimmer.

Virginia ist neugierig.

Es sprudelt aus ihr heraus: „Frauen haben ein Zimmer für sich allein?", fragt sie, auf mein Arbeitszimmer deutend. „Schreiben Frauen? Was schreiben Frauen und wie schreiben sie?"

– „Ja, Frauen schreiben", sage ich. „Sie schreiben über alles und jedes. Es gibt großartige Schriftstellerinnen und es gibt berühmte Schriftstellerinnen. Aber ich zweifle, ob schreiben, denken und dichten selbst noch eine große Bedeutung haben. Was den Geist der Zeit bewegt, was zählt, sind Zahlen, nicht Texte."

– „Bei all den Büchern in diesem Raum? Wie kommen Sie denn zu diesem Schluss?"

– „Wissen Sie, Sie hatten von den alten Gebäuden der Universität geschrieben. Davon, wie viel Geld in den Bau von Universitäten floss, als „das Zeitalter der Vernunft angebrochen war."[58] Sie schrieben, `dass derselbe Strom von Gold und Silber, der vorher aus der Schatulle des Königs in den Glauben floss, im Zeitalter der Vernunft aus den Truhen der Kaufleute und Fabrikanten, aus den Geldbörsen von Männern, die, sagen wir, als Unternehmer ein Vermögen gemacht hatten, in die Universitäten, an denen sie ihr Handwerk gelernt hatten, floss, um diese mit noch mehr Lehrstühlen, Stipendien und Stiftungen auszustatten.`[59] Und weiter fügten Sie hinzu: `Daher die Bibliotheken und Labore, die Observatorien, die vorzügliche Ausrüstung mit teuren und raffinierten Instrumenten.` Und sie haben notiert, dass das Fundament aus Gold und Silber wahrlich solide sei.[60] Leider muss ich Ihnen sagen, dass dieses Fundament wackelt, das der Putz in vielen Universitäten von den Wänden bröckelt, und dass das Geld aufgehört hat, zu fließen. Dass viele von denen, die an Universitäten arbeiten, ärmer sind als es ihre Hausangestellten waren."

– „Aber wie ist das möglich? Das Zeitalter der Vernunft braucht doch Universitäten, um sich zu legitimieren."

[58] VW, S. 13ff.
[59] VW, S. 13ff.
[60] VW, S. 13ff.

– „Ich bin mir nicht so sicher, ob wir noch im Zeitalter der Vernunft leben: Die Marktwirtschaft braucht die Vernunft nicht. Sie braucht die industrielle Produktentwicklung, ja. Ich muss zugeben, dass die technische Entwicklung weiter boomt und dass technische Universitäten daher auch nicht allzu sehr unter Budgetkürzungen leiden müssen. Aber dort, wo der soziale Fortschritt zur Debatte steht, dort, wo ephemeres Denken stattfindet, kommen die Bürokraten mit der Heckenschere oder lassen den Garten ganz einfach verwildern, denn das verkauft sich nicht so gut. Und es kann sogar gefährlich werden, wenn das Denken tiefer geht – wenn es die Fundamente der Marktwirtschaft selbst in Frage stellt. Die einfachste Weise dieses lästige Denken loszuwerden ist, nicht dafür zu bezahlen. Wie Sie selbst so klug geschrieben haben: `Geld verleiht Dingen Würde, die unbezahlt als frivol gelten.`[61] – Und das vor allem in Zeiten, in denen Geld der Maßstab aller Dinge ist. Leider adelt das häufig frivole Dinge und nicht soziale oder intellektuelle Entwicklungen."

– „Sie meinen, meine literarischen Werte, Shakespeare und Austen haben heute keinen Wert mehr? Und was meinen Sie, was muss man tun?"

– „Frau Woolf, ich weiß nicht, warum Sie gerade mich aufsuchen, ich bin nur eine kleine unbekannte Schreiberin, und kann Ihnen nicht die Wahrheit über meine Zeit erklären. Aber, wenn es Ihnen lieb ist, kann ich natürlich Vermutungen anstellen…"

– „Erzählen Sie mir doch bitte von den großartigen Autorinnen Ihrer Zeit …"

– „Ich kann Ihnen gerne eine, in meinen Augen großartige, Autorin vorstellen, aber diese ist eine sehr persönliche Wahl." Und

[61] VW, S. 89.

nach einer kurzen Sprechpause, sage ich zu Virginia: „Setzen Sie sich doch bitte, und zeige auf einen Sessel."

Nachdem sie sich gesetzt hat, mache ich es mir auf meinem unbequemen Bürosessel, den ich neben sie schiebe, so bequem wie möglich. Sobald ich sitze, fällt mir auf, wie unhöflich ich gewesen bin und ich frage schleunigst: „Möchten Sie etwas trinken?" Doch zu meiner Erleichterung, denn ich will mich nicht erheben, winkt sie ab und ich fahre fort:

– „Können Sie sich noch daran erinnern, dass Sie geschrieben haben, man müsse die Geschlechter zusammendenken. Mann und Frau müssen ein Team bilden. Sie müssten zusammenarbeiten. Und zwar nicht nur als Personen, sondern als Prinzipien im Geiste. Sie schrieben: \`Bevor der Schöpfungsakt vollbracht werden kann, muss im Geiste eine Zusammenarbeit zwischen Mann und Frau stattfinden. Eine Form von Hochzeit der Gegensätze muss vollzogen werden. Der Geist muss als Ganzes weit offen stehen, wenn wir das Gefühl bekommen sollen, dass der Schreiber uns seine Erfahrung in vollkommener Fülle vermittelt.\`[62] Und an anderer Stelle hatten Sie diesen Gedanken noch vertieft, Sie schrieben, \`ein großer Geist sei androgyn.\` und damit meinten Sie nicht eine Festschreibung bestimmter geschlechtlicher Merkmale, die sich in einem Verhältnis der Balance ausgleichen sollten, sondern eine geistige Verfasstheit, \`die mitschwingend, durchlässig, ungehindert Gefühle vermittelnd, schöpferisch, weißglühend und ungeteilt [...] sei.\`[63] Ich denke, dass diese Position hochaktuell ist, aber leider eine Utopie, auch wenn sich die Ideen dahinter von Zeit zu Zeit hartnäckig bemerkbar machten und machen. Meines Erachtens hat diese Idee der Androgynität indirekt ein Buch beeinflusst, das für eine – meine – Generation von Frauen von großer Bedeutung war. Nur: Wo ist es noch gleich?"

---

[62] VW, S. 142.
[63] VW, S. 134.

Ich erhebe mich und suche mein Bücherregal ab. Virginia folgt mir mit ihren Augen.

– „Es ist lila, daran kann ich mich genau erinnern", sage ich zu Virginia.

– „Ach, das war schon im 19. Jahrhundert die Farbe der Frauenbewegung. Das hat sich also erhalten?", fragt sie aufgeregt erfreut.

– „Mich hat es damals eher geärgert, dass der Verlag mit einem lila Einband so plakativ auf die Frauenbewegung verweist und das Buch damit stigmatisiert. Ah, da ist es. Judith Butlers Werk *Das Unbehagen der Geschlechter*[64]. Zumindest hilft die Farbe des Einbands bei der Suche."

Virginia lächelt ihr unmerkliches Lächeln. Ich nehme das Buch aus dem Regal, reiche es Virginia und setze mich wieder. Sie schlägt es auf und blättert darin. Die Seiten sind mittlerweile ziemlich vergilbt, stelle ich mit einem Blick über ihre Schulter in das aufgeschlagene Buch fest.

– „Das ist ja ein altes Buch", ruft sie empört aus.
Ich suche etwas Aktuelles.
Ein bisschen pikiert erwidere ich: „Das Buch stellt immer noch einen Wendepunkt feministischen Denkens dar, und mein Exemplar sieht so zerfleddert aus, weil ich es so häufig in die Hand genommen und gelesen habe. Leider hat die weitere gesellschaftliche Entwicklung ganz ungeahnte neue Kombinationen der Macht hervorgerufen, die Butler so damals nicht hatte voraussehen können und die all die hoffnungsvollen Ideen in ihrem Buch aus heutiger Sicht weniger glanzvoll erscheinen lassen."

---

[64] Butler 1991, S. 17.

Virginia schlägt das Buch auf und liest: „Die feministische Theorie ist zum größten Teil davon ausgegangen, dass eine vorgegebene Identität existiert, die durch die Kategorie ‚Frau(en)' bezeichnet wird. Die feministische Kritik muss begreifen, wie die Kategorie Frau(en), [...] gerade durch jene Machtstrukturen hervorgebracht [...] wird."[65]

Virginia schaut auf. Sichtlich beeindruckt, sagt sie: „Also das Frauen in der Lage sind, so kompliziert zu schreiben, so unpoetisch doch umso rationaler und abstrakter als sie das je von einer Frau gelesen habe... Das sei ja wirklich beachtlich!"

– „Butler ist Philosophin", sage ich.

– „Es gibt also Philosophinnen! Nicht nur ungebildete Autorinnen wie ich eine war." Sie hält inne und strahlt dabei übers ganze Gesicht: „Frauen schreiben und sie schreiben Texte, die man nur einem Mann zugetraut hätte und dennoch scheint dieser Text ganz augenscheinlich nicht von der Hand eines Mannes geschrieben zu sein. Schon in den ersten Thesen ist sie sehr radikal... Aber was meint sie genau, wenn sie schreibt, dass Frauen nicht sie selbst sind, sondern ein Produkt?"

– „Denken Sie an Charlotte Brontës Begehren, daran, wie sie an ihre Grenzen stieß, aber diese ihr auferlegt waren. Es waren Grenzen, die ihr das enge Leben als Frau auf dem Lande aufgebürdet hatte. Erinnern Sie sich daran, dass Sie geschrieben hatten, ihr Geist sei nicht frei gewesen, weil er von den Bedingungen einer sehr beschränkten Erfahrungswelt begrenzt war. Butler geht es nun um noch mehr als darum, Frauen nach London oder um die Welt zu schicken, um ihren Erfahrungsschatz zu erweitern. Entschuldigen Sie, wenn ich damit Ihr Denken verkürze."

---

[65] Butler, 1991, S. 17.

– „Das ist in Ordnung, wenn es unserer Erkenntnis dient", erwidert Virginia augenzwinkernd.

– „Also Butler argumentiert, dass in einer Welt, in der das Patriachat als universell gilt, das heißt grenzenlos ist, Frauen überall davon eingeholt werden. Es geht Butler daher darum, das Patriarchat nicht nur als Produktionsstätte sogenannter weiblicher Werte, sondern als Produktionsstätte des Subjekts Frau, der Frau an sich, zu entlarven, ob dies nun auf dem Lande oder in London sei."

Ich nehme Virginia das Buch aus der Hand, blättere darin und zeige auf eine Textstelle: „Schauen Sie, hier fragt Butler: `Lässt sich die Besonderheit der Frauenkultur unabhängig von ihrer Unterdrückung unter die hegemonialen maskulinen Kulturen denken?`[66]"

Virginia überlegt. Sie sieht angestrengt dabei aus und dann sagt sie: „Die Frage ist sehr prägnant, so hätte ich die Frage selbst noch nicht stellen können. Ich hatte noch von Werten geschrieben, die bei Frauen einen ganz spezifischen Sinn erhalten. Aber ich sehe schon, was sie meint: dass diese Werte nicht genuin weiblich sind, sondern als solche im Patriachat produziert werden."

– „Butler hat auch erkannt, dass sich daraus eine grundlegende und weitreichende Problematik für feministische Praktiken ergibt. Der feministische Repräsentationsdiskurs stolpert über das Subjekt, das er repräsentieren will. Warum sollten sich Frauen mit einem feministischen Subjekt identifizieren, wenn sie als Subjekte, als mit Handlungsvermögen und Begehren ausgestattete Subjekte – denn auch Frauen dürfen im Patriarchat in bestimmten Grenzen handeln und begehren – hervorgebracht wurden? Wie sollen sie sich da von einem feministischen Subjekt repräsentiert fühlen?"

[66] Judith Butler, S. 19.

– „Wirklich eine kluge Frau, diese Frau Butler. Ich hätte es damals gar nicht gewagt, solche Fragen anzusprechen. Ich habe mich vielmehr davor gedrückt, die wahre Natur der Frauen zu behandeln, indem ich mich zu den materiellen Bedingungen für ihr Schreiben zurückgezogen habe und damit insgeheim gehofft habe, eine Vielstimmigkeit weiblichen Schreibens anzuregen."

– „Das haben Sie auch sehr meisterlich gemacht! Ich bewundere Ihr Buch, aber hören Sie zu, Frau Woolf, Butler geht in ihrem Buch noch weiter. Aber dafür muss ich jetzt noch weiter ausholen und auf eine andere großartige Frau zu sprechen kommen, ohne die Butlers Werk nicht hätte entstehen können. Diese andere Frau ist Simone de Beauvoir."

Ich stehe auf und suche im Bücherregal das Buch *Das andere Geschlecht*[67]. Es ist nicht lila, daran kann ich mich noch erinnern, aber glücklicherweise sehr viel dicker als Butlers Buch, und so werde ich auch dieses Mal bald fündig.

– „Simone de Beauvoir? Der Name kommt mir bekannt vor… Hat sie nicht schon zu meiner Zeit gelebt?"

– „Ja, und sie beruft sich auf Sie in ihrem Buch, Frau Woolf."

– „Oh", sagt Virginia Woolf verlegen.

Ich fahre fort, denn ich will den Faden meiner Gedanken nicht verlieren und Virginia nicht in ihrer Verlegenheit vorführen: „Das Buch von Simone de Beauvoir ist nur acht Jahre nach Ihrem Tod erschienen und wurde eines der berühmtesten Werke der Frauenbewegung, mit weitreichenden Auswirkungen bis hin zur Zweiten Frauenbewegung…"

---

[67] Simone de Beauvoir, *Das andere Geschlecht,* Rowohlt 1992.

– „Eine Zweite Frauenbewegung? Davon weiß ich ja gar nichts!“

– „Ach, das war in den 1970er Jahren. Es war eine sehr verheißungsvolle Zeit für Frauen in der sogenannten westlichen Welt. In Europa und Nordamerika gab es viele feministische Gruppen, die aktionistisch das Patriarchat angegriffen haben – so wie die Suffragetten. Nur waren ihre Themen andere, denn das Wahlrecht hatten Frauen fast überall in den liberalen Demokratien der westlichen Welt bereits erobert.“

– „Und was forderten sie dann? Entschuldigen Sie, aber war ein Zimmer für sich allein da noch eine wichtige Forderung?“

– „Ihre Forderung ist, glaube ich, immer noch wichtig, aber ich denke, Frauen stellten damals fest, dass sie erst einmal herausfinden mussten, was es heißt, kein Zimmer für sich allein zu haben. So gründeten sie vor allem in den großen Städten der USA *Consciousness Raising Groups*. Das waren Gruppen, in denen Frauen ihre Erfahrungen untereinander austauschten, um gemeinsam herauszufinden, wo sie unterdrückt werden. Sie erfanden so die unglaublich radikale Forderung das ‚Persönliche ist politisch'.“

– „Und diese Gruppen existieren noch?“

– „Nein, aber lassen Sie mich vielleicht erst einmal wieder zu Butlers Buch zurückkehren, denn sie weist darauf hin, dass die Vorstellungen hinter der Forderung das ‚Persönliche ist politisch', nicht so radikal waren, wie sie es für nötig hielt. Sie schrieben sich in die Logik ein, dass es eine Unterscheidung zwischen biologischem und kulturellem Geschlecht, zwischen Sex und Gender, gebe, um die sogenannten weiblichen Werte, das Persönliche, in Frage zu stellen. Damit besteht das weibliche Geschlecht aus einem unabänderlichen Referenten, dem Körper, und einem veränderbaren anerzogenen kulturellen Referenten. Und Butler hat das kritisiert. Simone de

Beauvoir hatte die Geschlechtsidentität zwar für eine Konstruktion gehalten, doch Butler weist darauf hin, dass de Beauvoirs Formulierung einen Handlungsträger, ein *cogito*, das die Geschlechtsidentität irgendwie übernommen oder sich angeeignet hat, voraussetzt.[68]"

– „Entschuldigen Sie, dass ich Sie schon wieder unterbreche, aber ich bin ganz entzückt, dass Frauen sich aufeinander beziehen. Ich habe den Eindruck, dass sie es geschafft haben, ein eigenes Gedankengebäude zu errichten, mit Zinnen, Türmen und Arkaden, eine Tradition, in der sie sich miteinander vernetzen können. Aber fahren Sie bitte fort!"

Ich lächele bei der Vorstellung, wie sich de Beauvoir und Butler um das Turmzimmer streiten, will Frau Woolf aber unbedingt die Bedeutung von Butlers Buch vermitteln und nehme mein Argument wieder auf:

„Butler geht de Beauvoir nicht weit genug, denn mit dem Verweis auf ein *cogito* führt sie in den Augen Butlers das Wesen der Frau weiterhin auf einen unveränderbaren Referenten zurück und Butler stellt diesen in Frage. Sie behauptet etwa, dass auch unser Körper eine patriarchale Konstruktion ist."

– „Sie hält unsere Körper für patriarchale Konstruktionen? Das heißt, für künstlich, oder? Welch' ein verwegener Gedanke", ruft Virginia mit aufgerissenen Augen aus.

Dann schaut sie an ihrem zierlichen Körper herab. Vielleicht um die Spuren des Patriarchats daran zu entdecken, denke ich ein wenig amüsiert.

– „Vielleicht ist es präziser zu sagen, dass sie die Determinierung des Körpers als heterosexuell für konstruiert hält. Sexualität ist ihr zufolge nicht biologisch, sondern kulturell bestimmt. Wir

---

[68] Judith Butler, S. 25.

Frauen sind eben nicht nur über bestimmte Werte und einen Verhaltenskodex konstituiert, sondern auch mit einem bestimmten Begehren ausgestattet.“

Da leuchten Virginias Augen:

„Es ist möglich geworden, Heterosexualität anzugreifen?! Ich hatte damals noch gemutmaßt, ob ich bei der Autorin Mary Carmichael“, dabei zwinkert sie, denn Mary Carmichael war ja nur ein Pseudonym für sie selbst gewesen, „das erste Mal in der Geschichte der Literatur auf eine Frau gestoßen war, die eine andere Frau mochte (liebte?), `Chloe mochte Olivia`,[69] aber eine offene Kritik an der heterosexuellen Ordnung hätte ich nicht gewagt… Man lebte so manches, aber offen darüber gesprochen haben wir nicht.“

In Woolfs Augen blitzte ein heller Schein auf, doch bevor ich sie auf ihre Liebesbeziehung zu Vita Sackville-West ansprechen kann, lenkt sie das Gespräch zurück zu Judith Butlers Buch:

„Und was steht weiter in dem Buch?“

– „Butlers Buch nimmt tatsächlich noch eine aufregende Wendung. Sie schlägt Praktiken vor, in denen man diese Subjektivierungen subversiv unterlaufen kann. Wie man, wenn man selbst schon innerhalb den Grenzen eines heterosexuellen Regimes hervorgebracht wurde, mit ihnen spielen kann. Und zwar mit Mitteln der Parodie, der Travestie, der Re-Inszenierung der Körper.“

– „Mit Mitteln der Parodie und der Travestie?“

– „Sie meinen, das klingt nicht sehr politisch?“

– „Ja, das klingt amüsant, aber nicht sehr kämpferisch, nicht heroisch.“

---

[69] VW, S. 114.

– „Tja, an diesem Vorschlag haben sich seither auch viele feministische Akademikerinnen die Zähne ausgebissen. Denn es bleibt in der Schwebe, ab wann Parodie subversiv wird und ab wann sie aufhört, subversiv zu sein. Butler selbst räumte ein, dass Parodie nicht schlechthin subversiv ist, behauptete aber, dass die Parodie ein politisches Potential hat, wenn, ich zitiere, `(d)ie Möglichkeiten zur Veränderung der Geschlechtsidentität [...] gerade in dieser arbiträren Beziehung zwischen den Akten zu sehen (sind), d.h. in der Möglichkeit, die Wiederholung zu verfehlen bzw. in einer De-Formation oder parodistischen Wiederholung, die den phantasmatischen Identitätseffekt als eine politisch schwache Konstruktion entlarvt.`[70]“

– „Das klingt jetzt wieder sehr kompliziert. Und wie interpretieren Sie das persönlich?“

– „Ich war damals, wie gesagt, ganz begeistert von dem Buch, auch wenn ich heute glaube, dass sein Reiz zum Teil in der Ungreifbarkeit lag, in einem Versprechen, das einem immer wieder durch die Finger gleitet, sobald man danach greift. Und das tut es für mich an dieser Stelle. Dennoch ist es sehr interessant, sich Butlers Vorschlag der Parodie im Hinblick auf die Mainstreamkultur anzusehen, denn dort hat die Re-Inszenierung des Körpers und vor allem des weiblichen Körpers eine breite Bühne gefunden. Frau wird heute gemeinhin als Inszenierung verstanden und nicht als naturgegebenes Wesen. Frauen spielen ihre Rolle. Das hat sie aber nicht davon entbunden, diese möglichst gut spielen zu müssen.“

– „Unglaublich, darf ich das noch einmal wiederholen? Sie meinen, dass es so etwas wie die Natur der Frau nicht mehr gibt, dass alle Wesenhaftigkeit als Schauspiel verstanden wird?“

– „Genau.“

---

[70] Judith Butler, S. 207.

– „Das ist ja eine Revolution!“

– „Wenn es nicht so wäre, dass von Frauen dennoch verlangt wird, ihre Rolle perfekt zu inszenieren.“

– „Eine tragische Komödie!“

– „Schön wär's. Ich habe den Eindruck, dass es eine komödiantenhafte Tragödie ist, denn ich muss im Hinblick auf Butlers aufregende Ideen eine pessimistische Diagnose stellen, was die Entwicklung des Geschlechterverhältnisses angeht; und das trotz erfolgreicher Frauen und – noch schlimmer – ausgerechnet im Namen feministischer Diskurse!“

Ich nehme ein anderes Buch aus dem Regal und bemerke, dass die englische Ausgabe in pink und die deutsche in lila gedruckt ist. Es handelt sich dabei um Nina Powers schmales Bändchen, das den Titel *Die eindimensionale Frau* trägt.

– „Mögen Sie Schokolade, Virginia?“
Verdutzt schaut sie mich an.
„Nina Power analysiert in diesem Buch, wie und als was Frauen heute konstruiert werden und auf dem Buchrücken steht geschrieben `Ich glaube, es gibt eine ziemlich reale Erwartung, dass Frauen immer Schokolade sagen, wenn man sie fragt, was sie wollen.`[71]“

Empört sagt Virginia: „Warum treten Sie nach so einem klugen Buch mit derartig einfältigen Ideen an mich heran?“

– „Weil ich denke, dass sie leider nicht so platt sind, wie sie auf den ersten Blick vielleicht erscheinen mögen. Ich muss dazu ein bisschen ausholen und noch einmal zurück zu Ihrer Forderung, die Geschlechter zusammenzudenken, zu sprechen kommen. Genau

[71] Nina Power, S. 59.

bei Ihrer so wesentlichen Forderung nach einem androgynen Geist, und ganzheitlichem, durchlässigem, mitschwingendem, ungehindert Gefühle vermittelndem, schöpferischem, weißglühendem und ungeteiltem Denken, setzt der negative Wendepunkt in der gegenwärtigen Entwicklung des Geschlechterverhältnisses an. Ich behaupte nämlich, dass eine Bewegung eingesetzt hat, derzufolge wir die Geschlechter nicht nur nicht zusammendenken, sondern vielmehr weiter spalten; dass wir nicht mehr nur die Geschlechter voneinander trennen, sondern die Körper selbst zerstückeln und einzelne Körperteile in ein immer stärker sexualisiertes Verhältnis zueinander setzen, das nichts mit Vereinigung, sondern nur mit einer neuartigen Erzeugung von Begehren und dem Versprechen von Befriedigung zu tun hat, die wiederum vor allem durch den kapitalistischen Markt genährt wird.“

– „Sind Sie sicher, mich da nicht in die Irre zu führen? Wie kommen Sie denn jetzt zu dem kapitalistischen Markt? Und wo werden die Körper gespalten? Ich muss sagen: Sie verwirren mich.“

– „Ich bitte um Entschuldigung, Sie haben Recht. Hier sind wohl meine Gedanken mit mir durchgegangen. Also, lassen sie mich zunächst einmal die Spaltung der Körper etwas näher erklären. Butler schrieb, die binäre Geschlechterordnung bedarf einer vermittelnden Grenze zwischen den Geschlechtern, die um Stabilität bemüht ist. Diese, von Butler scharf kritisierte Grenze, ist heute, wie ich behaupte, zunehmend instabil geworden; eine revolutionäre Entwicklung, könnte man sagen. Nun hat diese Entwicklung aber mitnichten dazu geführt, für eine größere Durchlässigkeit zwischen den Geschlechtern zu sorgen, sondern dem ehemals subversiven Spiel mit unserem Begehren einen fast reaktionären Schwenk verpasst. An die Stelle einer ‚kohärenten, binären' Ordnung, wie sie Butler bezeichnete, tritt eine Zersplitterung unserer Körper, in der – wie einst die Ware – einzelne Körperteile als Fetischobjekt ein autonomes Eigenleben erlangen. Das geht soweit, dass ihre Zugehörigkeit zu einem bestimmten Körper und Geist nichtig wird. Es sind nicht mehr die Körper als Ganzes, die sexuell aufgeladen werden, sondern von Körper, Geist und unserer Subjektivität losgelöste Extremitäten: Lippen, Busen, Beine, Po können so auch als Teile, Fetischobjekte oder Waren angesehen werden. Dieses Phänomen findet sich auch schon bei Sacher-Masoch, aber nicht in dieser Generalität, nicht als Ordnung, die die gesamte Gesellschaft konstituiert.“

Virginia hört mir mit weit aufgerissenen Augen zu, und ich frage mich, ob sie sich nun denkt, ich würde halluzinieren. Aber ich bin mittlerweile so sehr in Fahrt geraten, dass ich mich nicht unterbrechen möchte und darum, ohne weiter auf sie zu achten, mit meinem Argument fortfahre:

„Diese Zergliederung der Körper, so könnte man spekulieren, könnte zu einer neuen Vergliederung, zu einer neuen avantgardistischen Komposition der Körperteile führen, aus der queere Wesen hervorgehen. Und das ist es wohl, was Judith Butler erhoffte.

Man könnte, Butlers Überlegungen weiter folgend, dieses Phänomen als Subversion des binären heterosexuellen Schemas verstehen. Aber nein, die aktuelle Entwicklung ist anders, die einzelnen Versatzstücke verweisen nicht nur nicht auf abwesende Zusammenhänge, sondern anstatt einer Durchlässigkeit von Grenzen entstehen neue Grenzen und vervielfältigen sich. Alles ist vereinzelt. Alles tritt in Konkurrenz miteinander. In der Werbung konkurrieren Brüste mit knackigen Pos, Beine in hochhackigen Schuhen mit künstlich aufgespritzten Lippen – das ist eine in Mode gekommene Schönheitsoperation. Zum Fetisch geworden, verselbständigen sie sich als Subjekt anstatt Teil eines Ganzen zu sein, das Geist, Gefühl und Materie miteinander verbindet und ein denkendes, fühlendes und handelndes Subjekt hervorbringen könnte. Frau Woolf, Sie können sich doch vielleicht noch an den Künstler Hans Bellmer erinnern, an dessen morbide abstoßende Inszenierungen zerstückelter Körper. Heute nehmen zerstückelte Körper den Platz begehrenswerter Objekte ein. Aber, wer oder was nun eigentlich das Subjekt ist, weiß man nicht mehr so genau. Vielleicht stellen genau diese

Teile die neuen Subjekte dar und das einstige Wir, oder Ich, ist mittlerweile gänzlich ausgelöscht."

Virginia sagt: „Sie übertreiben doch sicher maßlos. Für mich hört sich das nach einem Szenario für eine Horrorgeschichte an."

– „Vielleicht haben Sie Recht, aber schauen Sie sich etwa Werbeeinschaltungen im Fernsehen an! Ach, TV-Geräte kennen Sie ja wahrscheinlich gar nicht, ich werde Ihnen nachher aber gerne eines zeigen. Lassen Sie mich vorerst aber noch einmal auf das vorhin erwähnte Buch von Nina Power zurückkommen. Ich lese Ihnen mal eben aus dem Buch vor... Wo ist die Stelle nochmal? Ah, hier, ich hab sie gefunden: \`Die alles durchdringende Peepshow Segmentarität zeitgenössischer Kultur verlangt, dass Frauen ihre Brüste als gänzlich abgespaltene Entitäten behandeln [...] Sie, die Brüste, nicht etwa ihre ‚Besitzerin', sind der Mittelpunkt der Aufmerksamkeit. [...] Die Brüste von heute haben verblüffende Ähnlichkeit mit bourgeoisen Schoßhündchen. Diese Objekte amüsierter Skopophilie werden immer wieder behandelt, als verfügten sie über einen von ihren ‚Besitzerinnen separaten Willen und ein eigenes Begehren.\`[72]"

Virginia lacht.

– „Sagt man im Englischen eigentlich auch Möpse zu Busen?"

– „Was ist \`Möpse\`?"

– „Pug dogs."

Virginia lacht noch einmal kurz auf:

---

[72] Nina Power, S. 40.

„Ach, die waren sehr in Mode zu meiner Zeit. Wie hatte ich es doch gleich formuliert? Ach ja, `Die Mehrheit der Frauen sind weder Huren noch Kurtisanen, noch sitzen sie den ganzen Sommernachmittag da und drücken Möpse an den verstaubten Samt.`[73] Damit hatte ich aber die Hunde gemeint, nicht die anderen Möpse, jetzt erhält meine Aussage eine amüsante Doppeldeutigkeit."

– „Ja, sehr lustig. Aber gut, lassen Sie mich, mit Verlaub, noch etwas zum separaten Willen dieser Körperteile sagen. Das kennt man ja bereits vom männlichen Penis, ‚Willy', der nicht kontrolliert werden kann. Aber seine Funktion ist eine andere. Der Willy ist meines Erachtens eine gute Ausrede für den Mann, nicht zu seinem eigenen Willen zu stehen. Angesichts der vorhin erwähnten Fragmentierung des weiblichen Körpers sieht Power dessen subjektive Dimension geradezu ausgelöscht: Ihrer Perspektive nach werden die Brüste zu abgespaltenen Entitäten."

– „Und wie kommt es dazu", fragt Virginia Woolf.

– „Hier kommt, wie ich meine, die kapitalistische Warenlogik ins Spiel. Denn diese konfrontiert die transzendente Ordnung, die in der Symbolik des Phallus ein Ganzes unter einer Autorität zusammengehalten und Kohärenz garantiert hat, mit einer Proliferation der Assets, Waren, Fetische. Und um diese entspinnt sich eine Preisschlacht, die uns aber keine Intimität mit einer Person, deren Teile oder Glieder sie sind, ermöglichen kann."

Virginia schüttelt den Kopf.

– „Erinnern Sie sich an Marx! Diese neue Entwicklung stellt nur eine Fortsetzung jener Entwicklung dar, die schon zu ihrer Zeit als Warenfetischismus bekannt war. Eine neue Mystifizierung, in

[73] VW, S. 122.

der nicht mehr nur die Ware keinen Produktionsprozess kennt, sondern auch unsere Körperteile kein Subjekt mehr kennen, dem sie zugehören würden. Alles wird dem kritischen Blick der Produktverbesserung, der Schönheitsoperation und der Vermarktung unterzogen. Der Körper muss unters Messer, oder besser gesagt: die Körperteile müssen unters Messer, denn ein jedes Teil wird vom Chirurgen als ein einzelnes Teil betrachtet. Und dieser Grundsatz gilt nicht nur in der Schönheitschirurgie, sondern auch in der Populärkultur, der Werbung, der Medizin, oder sogar bei der Partnerinnen- und Partnersuche."

– „Ich verstehe. Das heißt also: Es sind nicht mehr unbedingt ‚nur' Gesetze und Werte, die den Handlungsspielraum von Frauen einschränken, sondern auch die Warenförmigkeit ihrer eigenen Körper. In gewisser Weise haben sich Frauen aber immer schon verkaufen müssen, sie mussten ‚an den Mann gebracht werden'. Betrifft diese Warenförmigkeit heute denn auch die Körper von Männern?"

– „Ja, es betrifft auch Männerkörper. Aber diese sind nach wie vor mehr ‚eins' und ‚ganzer' als Frauenkörper. Sie unterziehen sich seltener Schönheitschirurgie, es gibt keine Erektion ohne Männerkörper und am Arbeitsmarkt müssen sie sich weniger als \`einer gegen viele\` durchsetzen, sondern sie sind \`einer von vielen\`. Ihre Identität ist längst nicht im selben Ausmaß warenförmig wie jene der Frau."

– „Und wo finden sich da Frauen wie Sie? Wo finden die sich in diesem Spektakel wieder?"

– „Sie meinen, das klingt alles so surreal? Na gut, ich versuche meine wildwüchsigen abstrakten Ausführungen mal vom Kopf auf die Füße zu stellen. Diese Zerstückelung und Fetischisierung des Körpers geht zunehmend in Alltagspraxen ein. Denken wir etwa an Dating Praktiken..."

Virginia schaut mich verwirrt an und ich besinne mich, dass dieser Ausdruck einer Erklärung bedarf:

„Das ist ein Wort für romantische Verabredungen zwischen potentiellen LiebhaberInnen. Inzwischen gibt es sogar *Speed-Dating*, eine Art Serien-Dating von jeweils einigen Minuten, um die Wahrscheinlichkeit der ‚einen' Ausnahmebegegnung zu erhöhen. Ich weiß, dass mag vielleicht seltsam klingen, aber warum ich es hier erwähne, ist der Umstand, dass die romantische Begegnung hier zum Verkaufsgespräch wird, in dessen Rahmen wir Teile unseres Selbst wie Assets anpreisen. Auch die Pflege und Sorge um den Körper hängt mit dieser Auffassung von ihm als Ware, die perfektioniert werden kann, zusammen: etwa durch sportliche Trainings, die sich auf bestimmte Körperteile konzentrieren. Denken wir nur an das Bauchmuskeltraining. Im Französischen sagt man dazu kurz *ABDO*. Und nicht zuletzt erfordert auch der Arbeitsmarkt eine Selbstvermarktung, in der persönliche Vorzüge schematisch klassifiziert werden können. Sie hatten geschrieben, es `gibt keine Markierung, um die genaue Größe von Frauen zu messen. Es gibt kein Maßband, fein säuberlich in Zentimeter unterteilt, an dem man die Vortrefflichkeit einer guten Mutter, die Hingabe einer Tochter, die Treue einer Schwester misst.`[74] Heute hingegen scheint alles messbar geworden zu sein. Sogar die Anzahl unserer täglichen Schritte wird gemessen. Ich habe von einer Firma gelesen, die einen Apparat vermarktet, der die weibliche Sexualität messen soll, die Orgasmuskurve.

Dass all' das vielleicht surreal klingt, rührt auch von den spezifischen alltäglichen Praxen her, die in jedem Lebens- und Einsatzbereich sehr verschiedene Formen annehmen können und somit verschleiern, dass letztendlich alles auf die Produktion warenförmiger Produkte hinausläuft.

Im Alltag einer Frau verbinden sich diese neuartigen Konfigurationen gesellschaftlicher Organisation mit anachronistischen Elementen der Ungleichbehandlung. Das heutige Leben von Frauen

---

[74] VW, S. 117.

umfasst viele Ungleichzeitigkeiten. Frauen können gleichzeitig altbackene Erfahrungen machen, wie sie schon ihre Vorfahrinnen in den 1950er Jahren und all die Jahrhunderte davor erlebten, und gänzlich Neuartiges erleben. Das heißt, sich zum Beispiel zu Hause zwischen Kindergeschrei und Kochtöpfen aufreiben und sich gleichzeitig am Arbeitsmarkt, dem stets wachsenden Flexibilisierungsdruck beugen oder sich mit Schönheitsoperationen ewig jung halten."

– „Frauen können dieser Entwicklung also nicht entkommen?"

– „Sie haben geschrieben: `Was bedeutet Wirklichkeit? Es scheint etwas sehr Unberechenbares, sehr Unzuverlässiges zu sein [...] das bald auf einem staubigen Weg, bald in einem Fetzen Zeitung auf der Straße und bald in einer Narzisse in der Sonne zu finden ist. Sie beleuchtet eine Gruppe in einem Raum und bringt eine beiläufige Bemerkung hervor. Sie überwältigt einen auf dem Heimweg unter den Sternen und macht die stille Welt wirklicher als die Welt der Sprache.`[75] Ich zitiere Sie hier so lang und breit, weil ich denke, dass es wichtig ist, sich diese Vorstellung, dass Wirklichkeit nicht kohärent ist, vor Augen zu führen."

– „Sie kennen mein Buch wirklich gut", sagt Virginia grinsend.

– „Danke. Aber was ich damit sagen will, ist, dass Wirklichkeit nur in Bruchteilen von Augenblicken aufblitzt oder auch zuschlägt, denn oft fühlt sie sich an wie ein Aufprall. Meist jedoch wiegen wir uns im Dösezustand wie zu einem Schlummerlied und wähnen uns in einer Welt, in der die Wirklichkeit keine Schattenseiten und keinen Aufprall kennt. All' diese neuen Konstellationen der gesellschaftlichen Organisation bringen nämlich Genuss mit sich. Wir empfinden es mitunter als Befreiungsschlag, als Wahlfreiheit, als Befreiung von einem Körper, mit dem wir geboren wurden, wenn

---

[75] VW, S. 150.

sich alles kaufen lässt, selbst der Körper. Dass das vereinzelnde und fragmentierende Gegeneinander dem Miteinander, dem Teilen, der Fülle geteilter Erfahrungen im Wege steht, das stellen wir nur in seltenen Momenten fest; dann, wenn im Bruchteil eines Augenblicks dieser andere Teil der Wirklichkeit aufblitzt."

– „Könnte ich Sie jetzt doch um ein Glas Wasser bitten? Ich muss sagen, ich fühle mich etwas erschöpft."

– „Klar!"

Ich stehe auf, um das Glas Wasser zu holen. Ohne mich noch einmal umzudrehen, verlasse ich mein Büro. Was für ein Fehler! Als ich zurückkomme, ist Virginia nicht mehr da. Ihre Abwesenheit trifft mich wie ein Schlag: ein Zusammenprall mit der Wirklichkeit, wie jener, von dem ich gerade eben gesprochen hatte, ich Idiotin...

Wo war sie hin? Hektisch laufe ich ans Fenster, aber von dort aus ist wie immer, nur der allem gleichgültig gegenüberstehende Baum zu sehen. Und auch wenn sich seine Baumkrone mittlerweile gelichtet hat, ergibt der Blick auf die Straße keine neue Erkenntnis über Virginias Verbleib. Ich sehe mir den Sessel, auf dem sie gesessen hatte, genau an: Auch hier keine Spur von ihr, nicht einmal ein weißes Haar ist hängen geblieben.

Resigniert sinke ich in den Sessel, starre ins Leere und harre der Dinge, die da kommen mögen.

Sind meine Ausführungen zu langweilig, zu surreal, zu bodenlos gewesen? Ich hätte sie so gerne so Vieles gefragt. Warum habe ich nicht damit begonnen, anstatt hauptsächlich selbst zu sprechen, ja geradezu zu monologisieren?

Nach einer langen Weile raffe ich mich wieder auf und sage mir eindringlich, dass mir nichts anderes übrig bleibt, als wieder zu ihrem Buch zu greifen, um darin die Antworten auf meine vielen Fragen, die ich versäumt habe zu stellen, zu finden.

Ich nehme also einmal mehr ihr Buch zur Hand – manche Seiten hingen nur mehr lose zwischen anderen und fallen zu Boden, als ich nach dem Buch greife. Ich sammele sie ein und versuche sie sorgsam wieder dort einzuordnen, wo sie herkamen. Dabei geschieht es, das ich in irgendetwas Klebriges fasse, dass sich gerade auf der Seite befindet, die ich aufgeschlagen in der Hand halte. Ein desolater Zustand, der meine eigene Verfassung spiegelt? Nachdem ich aber wieder ein paar Zeilen – es war die -zigste Lektüre – darin gelesen habe, vergaß ich sowohl das klebrige Ding als auch meinen eigenen jämmerlichen Zustand. Denn in diesen Zeilen stoße ich unverhofft auf tröstliche Worte, die meiner Begegnung mit Virginia Woolf eine neue, nahezu transzendentale Bedeutung gibt. Dort ist nämlich zu lesen:

„Die Dichterin lebt in Ihnen […] und in vielen anderen Frauen, die heute Abend nicht anwesend sind, weil sie das Geschirr abwaschen und die Kinder zu Bett bringen. Sie lebt, denn große Dichter sterben nicht, sie sind fortwährend anwesend, sie brauchen nur die Gelegenheit, leibhaftig unter uns zu wandeln. Ihr diese Gelegenheit zu geben wird nun […] bald in ihrer Macht stehen. […] wenn wir noch etwa ein weiteres Jahrhundert leben […] und jede von uns fünfhundert im Jahr und ein Zimmer für sich allein hat, wenn wir uns an die Freiheit gewöhnt und den Mut haben, genau das zu schreiben, was wir denken, wenn wir dem gemeinsamen Wohnzimmer ein wenig entkommen sind und die Menschen nicht immer in der Beziehung zueinander, sondern in der Beziehung zur Wirklichkeit sehen, und auch den Himmel und die Bäume oder was auch immer, so, wie sie sind […] wenn wir der Tatsache, und es ist eine Tatsache, ins Gesicht sehen, dass wir uns bei niemandem unterhaken können, sondern dass wir allein gehen und dass wir in Beziehung zur Welt der Wirklichkeit stehen und nicht nur zur Welt der Männer und Frauen, dann wird diese Gelegenheit kommen, und die tote Dichterin, […] wird den Leib annehmen, den sie so oft niedergelegt hat. Indem sie ihr Leben aus den Leben der Unbekannten, die ihr vorangingen, schöpft, […] Doch können wir nicht erwarten, dass sie ohne diese Anstrengungen von unserer Seite, ohne diese Entschlossenheit, dass sie, ist sie wiedergeboren, die Möglichkeit vorfindet, zu leben und zu dichten, denn das wäre unmöglich. […]

(S)ie kommt, wenn wir für sie arbeiten, und eine solche Arbeit, ist selbst in Armut und im Verborgenen, der Mühe wert."[76]

[76] VW, S. 154-156.

6. Resümee

Ich lese, was ich hier zu Papier … ach nein, nicht zu Papier … in Daten habe ich meine Gedanken verwandelt, lese also, was ich hier gespeichert habe – ich müsste das Papier nicht mühsam verbrennen, um mein Manuskript zum Verschwinden zu bringen. Ein Tastendruck genügt und alles wäre gelöscht. Ich lese mir also meinen Text durch und versuche mir einen Reim daraus zu machen.

Warum war Virginia Woolf nicht bei mir geblieben, um mir dabei zu helfen? frage ich mich verärgert. Ich fühle mich immer noch verlassen und hilflos meinen Emotionen ausgesetzt. Meine Lektüre macht mir klar, dass mein Manuskript keine rationale Bestandsaufnahme, sondern ein vor Emotionen triefendes, sehr persönliches Zeugnis war, in dem meine Wut, mein Frust, mein Sarkasmus und natürlich auch etwas Genuss – beim Italiener hatten wir bisweilen sehr herzlich gelacht – steckte. Hätte Virginia Woolf einen Rat gehabt, wie ich mit diesen Gefühlschwankungen umgehen sollte? Wie ich den Groll verarbeite und den Sarkasmus loswerden könnte? Und ist es möglich, mit so einem emotionsgeladenen Dokument einen ernsthaften Beitrag zum Feminismus zu liefern? Was könnte ich vorschlagen, was könnte ich Frauen mit auf den Weg geben, ohne sie und mich dabei ins Stolpern zu bringen?

Ich versuche zu rekapitulieren, was es war, was mich dazu bewegt hatte, diesen Text zu verfassen.

Ich wollte eine Meinung abgeben zu einem „nebensächlichen Punkt“, zu den (Produktions-)Bedingungen der beruflichen und persönlichen Entfaltung von Frauen. Und ich hatte angemerkt, dass es sich zeigen wird, inwieweit in diesen Produktionsbedingungen auch die Frau selbst und wie sie ist, hervorgebracht wird.

Was kann ich dazu jetzt nach meiner Suche sagen? Ich denke an die Wasserflasche, die ich vergessen hatte, an die allabendliche *Rush Hour*, an die Zigarette, die ich nicht geraucht habe, an den kellnernden Schutzengel, dem ich nicht über den Weg traute, an die befleckte Bluse, an das Rückgrat der Barbie, das gebrochen war und an die skopophile Libido, oder wie hieß das doch gleich? All diese zusammenhanglosen, unverbundenen, ja widersinnigen Bilder, die Puzzleteile sein sollten, Teile eines Puzzles, von dem zu viele Teile fehlten, als dass man es hätte zusammensetzen können. Verzweifelt wende und drehe ich die Teile, aber sie lassen sich nicht verbinden und ich kann auch nicht erkennen, was sie abbilden. Und dennoch denke ich, vielleicht ist es mein trotziger Charakter, vielleicht habe ich tatsächlich eine Ahnung. Ich denke also, dass ich meine Nase in etwas Verdächtiges gesteckt habe. Ich rümpfe sie, denn es stinkt. Was stinkt? Die Befreiung der Frau! Ich ertappe mich dabei, es lauthals zu posaunen: „Die Befreiung der Frau stinkt!“, schrecke kurz zusammen, ob des Tons meiner eigenen Stimme, und denke dann doch, schade, dass niemand da ist, der mich hören kann, um mich – ich weiß nicht warum – gleich daraufhin zu rechtfertigen.

Ja, ja, die Frau ist frei, frei von traditionellen Rollenbildern, frei von einschränkenden Gesetzen, frei vom Patriarchat? Sie kann frei ihren Beruf wählen und das Mutterdasein ablehnen. Sie kann sich sogar ihren Körper frei wählen oder ihn zumindest verbessern und ausbessern. Sie haben Recht, vor dem Gesetz sind wir hier im Westen alle gleich.

Aber, ich bleibe beim ‚Aber‘. Es sind nicht mehr die Gesetze, die Grete Wolf und anderen zu schaffen machten, die Frauen unterdrücken. Und doch steht sie, die Frau, ungeheuer unter Druck. Sie muss sich vermarkten, die Schönste im ganzen Land, die beste Schauspielerin aller vermeintlich attraktiven Frauenrollen sein und ihre Rolle als Trägerin eines Versprechens im Namen des freien Marktes erfüllen, was sie selbst in die ambivalente Position bringt, gleichzeitig Konsumentin und Konsumartikel zu sein. Ein Paradox, das sie am eigenen Körper zu spüren bekommt.

Meine Emotionen, insbesondere mein Groll, erinnern mich einmal mehr daran, wie prägnant der feministische Slogan der 1970er Jahre doch war: ‚Das Persönliche ist politisch‘, denn mein Groll, mein Sarkasmus, mein Genuss und meine Wut waren persönliche

Erfahrungen und doch hatten sie eine gesellschaftliche Dimension, denn sie rührten aus einer Machtkonstellation, die das Subjekt Frau hervorbrachte. Was aussieht, als seien es Fragen privater Natur (wie die Arbeitsteilung zuhause) oder rein ästhetischer Natur (wie die Frauenbilder in der Werbung oder Schönheitsoperationen) sind dies die Praxen, die das, was Frauen tun und lassen sollten, gestalten. Es sollte daher weiterhin ein oberstes Anliegen von FeministInnen sein, zu politisieren was entpolitisiert worden ist.

Der Slogan sollte nun allerdings auch von rechts nach links gelesen werden: Das Politische ist persönlich. Alles verschränkt sich dort, wo die Frau hervorgebracht wird, die großen politischen Entscheidungen mit den kleinen ganz persönlichen Fragen. Die Gleichheit oder Ungleichheit der Geschlechter betrifft die ganz großen und die ganz kleinen Themen, ganz so, wie wenn ein Schmetterling in Afrika seine Flügel schlägt und damit in Europa einen Orkan auslöst, sind die persönlichen Entscheidungen immer wieder große politische Themen, und darin treten dann auch wieder Gesetze auf den Plan – so ganz sind wir sie nämlich immer noch nicht los: Vom Abtreibungsgesetz bis zum Burka-Verbot oder Gebot steht das gleiche zur Debatte: Der Körper der Frau, im Westen wie im Osten, wird er durch Gesetze wie durch Praxen reguliert. Neu dazugekommen sind die Verkaufsmechanismen des unregulierten Marktes, denen das erotisierte Bild der Frau als Fetisch dient.

So ist auch im 21. Jahrhundert alles mit Geschlechtlichkeit durchzogen und überdeterminiert: Von der großen Politik (was sich am Abtreibungsgesetz abbildet) bis zum kapitalistischen Markt (in dem die Frau als Fetisch fungiert), vom Kochtopf (der Frauen immer noch irgendwie in die Wiege gelegt ist) bis hin zu neuen technologischen Apparaten und zusammengefasst in den Neuen Medien (die Frauen in spezifischer Weise zu ihrem Objekt machen). Es betrifft die alten und die neuen Themen.

Die Praktiken, die gestalten, was Frau ist und sein sollte, sind anachronistisch und neuartig zugleich. Frauen haben weiterhin Probleme, Kinder und Beruf unter einen Hut zu bringen, Frauen mit

Migrationshintergrund trifft es doppelt und dreifach, die Intersektionalität verschiedener Diskriminierungen akkumuliert in den Erfahrungen letzterer wie eh und je und gleichzeitig kann sich die Frau frei vermarkten, ihre Sexualität frei ‚an den Mann bringen', sich selbst kreieren wie ein Cyborg.

Was kann ich Frauen vor diesem Hintergrund mit auf den Weg geben?

Virginia Woolf hatte geschrieben: „Tausende Stifte sind gespitzt, um Ihnen vorzuschlagen, was Sie tun sollten und welche Wirkung sie erzielen werden."[77] „Mein eigener Vorschlag klingt zugegeben ein wenig phantastisch, daher ziehe ich es vor, ihn in eine literarische Form zu kleiden."[78]

Ich habe weder Bleistifte gespitzt noch meine Phantasie spielen lassen. Aber ich hoffe, dass mein bescheidener Text…

Würde ich, unterbreche ich meinen Gedankengang, lesen wollen, was ich hier geschrieben habe?

Virginia Woolf hatte dieses Problem der Selbsteinschätzung sehr geschickt gelöst: sie hatte ein vermeintlich von einem ihrer Pseudonyme (Mary Carmichael) geschriebenes Buch in ihr Bücherregal gestellt, um es dann zu bewerten, als sei es das Buch einer anderen. Hart ging sie zu Gericht mit sich selbst: „Schon bald zeigte sich, dass etwas nicht stimmte. Das geschmeidige Hinübergleiten von einem Satz zum nächsten wurde unterbrochen. Etwas zerrte, etwas kratze, einzelne Worte hier und da blitzten mir wie gleißende Fackeln in die Augen."[79]

Wo bin ich stehen geblieben?

Ach, ja. Ich hoffe also, dass mein bescheidener Text einer jener unzähligen Beiträge sein würde, die dazu beisteuern, irgendwann die tote Dichterin, von der Virginia Woolf sprach, (ob es denn nun Virginia Woolf selbst oder Shakespeares Schwester war, dies war

[77] VW, S. 154.
[78] VW, S. 154.
[79] VW, S. 110 f.

wohl eher eine Frage des Geschmacks), also diese Dichterin zu erwecken, und damit die Tradition des männlichen Genies ins Wanken zu bringen.

Oder besser: ersetzen wir die tote Dichterin doch in experimenteller Weise mal mit einer gesellschaftlichen Kollektivität, die ein neues Wir ermöglicht, denn, wie Virginia Woolf geschrieben hatte: „Meisterwerke sind keine vereinzelten und einsamen Geburten, sie sind das Ergebnis vieler Jahre gemeinschaftlichen Denkens."[80]

Es geht also darum, gemeinsam ein neues Wir zu erwecken, ein queeres Wir, ein Wir, das eine Welt schafft, in der alle, Frau wie Mann, Mann wie Frau, wirklich die Möglichkeit hätten, gleichermaßen als Mensch ihr Leben zu gestalten, ohne Rollenzuweisung, Rollenübernahme und Zwang, ohne Regulierung der Körper, geschlechtlich determinierte Praxen und Werte, eine Kollektivität, in der alle die komplexe Herausforderung annähmen, neben noch einigen Gesetzen, die es zu schaffen oder zu ändern gilt, die Themen des Lebens gemeinsam, wirklich gemeinsam anzupacken. Eine Welt, in der meine Tochter, die doch gerade erst fünf ist, wenn sie gefragt wird „Was ist besser, Mädchen oder Junge zu sein?" – nicht mehr antwortet „Junge".

Es bedürfe dafür einer absoluten Auflösung unzähliger Vorurteile, Ängste, konservativer Bilder und Weltbilder, Machtkonstellationen, ausbeuterischer Produktionsverhältnisse, Bequemlichkeiten, Bevorzugungen und auch die Bereitschaft von Seiten weißer Männer, Macht und Geld zu teilen, verringerte Chancen in der Berufswelt zu akzeptieren und dennoch davon überzeugt zu sein, dass sie vom Feminismus profitieren, weil daraus eine andere Gemeinschaft hervorgeht.

---

[80] VW, S. 90.

Bibliographie

Baudrillard, Jean, *Die Konsumgesellschaft*, Springer VS 2014.

Beauvoir, Simone de, *Das andere Geschlecht*, Rowohlt 1992.

Benjamin, Walter, *Das Passagenwerk*, Suhrkamp 1982.

Butler, Judith, *Das Unbehagen der Geschlechter*, Suhrkamp 1991.

Chul-Han, Byu, *Müdigkeitsgesellschaft*, Matthes & Seitz 2010.

Crenshaw, Kimberlé, *Demarginalizing the Intersection of Race and Sex: A black feminist critique of Antidiscrimination Doctrine, Feminist Theory and Antiracist Politics*, in: *University of Chicago Legal Forum*, Volume 1989, Issue 1.

Donath, Orna, *Regretting Motherhood, A Sociopolitical Analysis*, in: *Signs: Journal of Women and Culture in Society*, Vol. 40, Nr. 2, 2015.

Federici, Silvia, *Aufstand aus der Küche*, Edition Assemblage 2015.

Halberstam, Jack, *Gaga Feminism*, Beacon Press, 2012.

Penny, Laurie, *Fleischmarkt*, Edition Nautilus 2012.

Peschel-Gutzeit, Lore Maria, *Selbstverständlich gleichberechtigt*, Hoffmann und Campe 2012.

Power, Nina, *Die eindimensionale Frau*, Merve 2011.

Vinken, Barbara, *Angezogen*, Klett & Cotta 2013.

Wolitzer, Meg, *The Second Shelf. On the Rules of Literary Fiction for Man and Women*, in: *New York Times*, 30. März 2012.

Woolf, Virginia, *Ein Zimmer für sich allein*, Reclam 2012.

Woolf, Virginia, *Orlando*, Fischer Taschenbuch 1992.

Juliane Lang, Ulrich Peters (Hg.):
"Antifeminismus in Bewegung.
Aktuelle Debatten um Geschlecht und sexuelle Vielfalt",
Marta Press, Februar 2018, 336 Seiten
ISBN: 978-3-944442-52-5
20,00 € (D), 22,00 € (AT), 24,00 CHF UVP (CH)

www.marta-press.de

Beim Verlag oder im Buchhandel bestellbar:

Jana Reich, 3. Auflage 2014:
"Übersehene Kinder. Biografien erwachsener Töchter von Borderline-Müttern", ISBN 978-3-944442-99-0.

Ulla Rogalski, 2014:
"Ein ganzes Leben in einer Hutschachtel. Geschichten aus dem Leben der jüdischen Innenarchitektin Bertha Sander 1901-1990", ISBN: 978-3-944442-14-3.

Johannes Ungelenk, 2014:
"Sexes of Winds and Packs. Rethinking Feminism with Deleuze and Guattari", ISBN: 978-3-944442-26-6.

Anika Meier, 2016:
"All Dolled Up. Möglichkeiten der Transformation in der Praxis des *Female Masking*", ISBN: 978-3-944442-30-3.

Robert Scheer, 2016:
"Pici. Erinnerungen an die Ghettos Carei und Satu Mare und die Konzentrationslager Auschwitz, Walldorf und Ravensbrück", ISBN: 978-3-944442-40-2.

Franziska Börnicke, 2016:
"Subjektbildungsprozesse bei Trans*Jugendlichen", ISBN: 978-3-944442-27-3.

Agnes Betzler, Katrin Degen, 2016:
"Täterin sein und Opfer werden? Extrem rechte Frauen und häusliche Gewalt", ISBN: 978-3-944442-47-1.

Laura Bensow, 2016:
"»Frauen und Mädchen, die Juden sind Euer Verderben!« Eine Untersuchung antisemitischer NS-Propaganda unter Anwendung der Analysekategorie Geschlecht", ISBN: 978-3-944442-48-8.

Rosa Strippe e. V. (Hg.), 2016:
"Ausgrenzung - Verfolgung - Akzeptanz. Festschrift zum 35. Geburtstag des Vereins Rosa Strippe", ISBN: 978-3-944442-28-0.

Antje Neumann, 2016:
"Geschlechterverhältnisse verändern. Formen queer-feministischer Interventionsstrategien", ISBN: 978-3-944442-23-5.

Luisa Talamini, 2017:
"Migrantinnen in der Krise des Care-Modells am Beispiel Italiens", ISBN: 978-3-944442-56-3.

Ulrike Schneeberg, 2017:
"Monster zähmen – Ein Übungs- und Unterhaltungsbuch für Geisteswissenschaftler*innen auf Jobsuche", ISBN: 978-3-944442-66-2.

Judith Goetz, Joseph Maria Sedlacek, Alexander Winkler (Hg.), 2017:
"Untergangster des Abendlandes. Ideologie und Rezeption der rechtsextremen „Identitären“", ISBN: 978-3-944442-68-6.

Juliane Lang, Ulrich Peters (Hg.), 2018:
"Antifeminismus in Bewegung. Aktuelle Debatten um Geschlecht und sexuelle Vielfalt", ISBN: 978-3-944442-52-5.